Dr. Bringfried Müller
Valentin Vrecko

Psychologie Band 3

MEDI-LEARN Skriptenreihe

6., komplett überarbeitete Auflage

MEDI-LEARN Verlag GbR

Autoren: Dr. med. Dipl.-Psych. Bringfried Müller, Dipl.-Psych. Valentin Vrecko, Dipl.-Psych. Franziska Dietz (1. Auflage)

Teil 3 des Psychologiepaketes, nur im Paket erhältlich
ISBN-13: 978-3-95658-007-9

Herausgeber:
MEDI-LEARN Verlag GbR
Dorfstraße 57, 24107 Ottendorf
Tel. 0431 78025-0, Fax 0431 78025-262
E-Mail redaktion@medi-learn.de
www.medi-learn.de

Verlagsredaktion:
Dr. Marlies Weier, Dipl.-Oek./Medizin (FH) Désirée Weber, Denise Drdacky, Jens Plasger, Sabine Behnsch, Philipp Dahm, Christine Marx, Florian Pyschny, Christian Weier

Layout und Satz:
Fritz Ramcke, Kristina Junghans, Christian Gottschalk

Grafiken:
Dr. Günter Körtner, Irina Kart, Alexander Dospil, Christine Marx

Illustration:
Daniel Lüdeling

Druck:
A.C. Ehlers Medienproduktion GmbH

6. Auflage 2014
© 2014 MEDI-LEARN Verlag GbR, Marburg

Das vorliegende Werk ist in all seinen Teilen urheberrechtlich geschützt. Alle Rechte sind vorbehalten, insbesondere das Recht der Übersetzung, des Vortrags, der Reproduktion, der Vervielfältigung auf fotomechanischen oder anderen Wegen und Speicherung in elektronischen Medien.
Ungeachtet der Sorgfalt, die auf die Erstellung von Texten und Abbildungen verwendet wurde, können weder Verlag noch Autor oder Herausgeber für mögliche Fehler und deren Folgen eine juristische Verantwortung oder irgendeine Haftung übernehmen.

Wichtiger Hinweis für alle Leser
Die Medizin ist als Naturwissenschaft ständigen Veränderungen und Neuerungen unterworfen. Sowohl die Forschung als auch klinische Erfahrungen führen dazu, dass der Wissensstand ständig erweitert wird. Dies gilt insbesondere für medikamentöse Therapie und andere Behandlungen. Alle Dosierungen oder Applikationen in diesem Buch unterliegen diesen Veränderungen.
Obwohl das MEDI-LEARN Team größte Sorgfalt in Bezug auf die Angabe von Dosierungen oder Applikationen hat walten lassen, kann es hierfür keine Gewähr übernehmen. Jeder Leser ist angehalten, durch genaue Lektüre der Beipackzettel oder Rücksprache mit einem Spezialisten zu überprüfen, ob die Dosierung oder die Applikationsdauer oder -menge zutrifft. Jede Dosierung oder Applikation erfolgt auf eigene Gefahr des Benutzers. Sollten Fehler auffallen, bitten wir dringend darum, uns darüber in Kenntnis zu setzen.

1. Gesellschaft, Gesundheit und Krankheit
2. Arzt-Patient-Beziehung
3. Arzt-Patient-Kommunikation/Interaktion
4. Patient und Gesundheitssystem
5. Ärztliche Maßnahmen
6. Die Bevölkerungsentwicklung
7. Epidemiologie
8. Die sozialen Schichten
9. Gesundheits-/Krankheitsmodelle
10. Soziologische Modelle

Index

Inhalt

1	**Gesellschaft, Gesundheit und Krankheit**	**1**
1.1	Was ist Sozialisation?	1
1.2	Normen	1
1.2.1	Soziale Normen	1
1.2.2	Primäre und sekundäre Devianz	2
1.3	Soziale Institutionen	2

2	**Arzt-Patient-Beziehung**	**3**
2.1	Professionalisierung des Arztberufs	3
2.1.1	Merkmale einer Profession	3
2.2	Soziale Rollen und die Arzt- und Krankenrolle	3
2.2.1	Rollenkonflikte	4
2.2.2	Arztrolle nach Parsons	4
2.2.3	Krankenrolle nach Parsons	5
2.3	Kooperation/Compliance	5
2.3.1	Reaktanz	5
2.4	Iatrogene Fixierung	5
2.5	Über- und Gegenübertragung	6
2.5.1	Übertragung	6
2.5.2	Gegenübertragung	6

3	**Arzt-Patient-Kommunikation und Interaktion**	**9**
3.1	Kommunikationskanäle	9
3.2	Vier Seiten einer Nachricht	9
3.3	Das ärztliche Gespräch	10
3.4	Symmetrische und asymmetrische Kommunikation	10
3.5	Kontingenz	10
3.5.1	Wechselseitige symmetrische Kontingenz	10
3.5.2	Asymmetrische Kontingenz	11
3.6	Direktive und non-direktive Gesprächsführung	11
3.6.1	Direktiver Gesprächsstil	11
3.6.2	Non-direktiver Gesprächsstil	11
3.7	Sprachcodes	12
3.8	Modelle medizinischer Entscheidungsfindung	12

4	**Patient und Gesundheitssystem**	**13**
4.1	Prozess des Krankheitsverhaltens: Entscheidungsstufen des Hilfesuchens	13
4.2	Begriffe des Krankheitsverhaltens	13
4.2.1	Laienätiologie und subjektive Krankheitstheorie	14
4.2.2	Krankheitsgewinn	14
4.3	Inanspruchnahme ärztlicher Leistungen	14
4.3.1	Schichtzugehörigkeit und Inanspruchnahme ärztlicher Leistungen	14
4.4	Das Gesundheitssystem in Deutschland	15
4.4.1	Krankheitskosten	15
4.4.2	Finanzierung des Gesundheitssystems	15
4.4.3	Gesetzliche Krankenversicherung	15
4.4.4	Private Krankenversicherung	16
4.4.5	Gesetzliche Unfallversicherung	16
4.4.6	Gesetzliche Pflegeversicherung	16
4.4.7	Gesetzliche Rentenversicherung	16
4.4.8	Managed-Care-Programme	16
4.5	Kassenärztliche Vereinigung (KV)	17
4.6	Landesprüfungsämter und Landesärztekammern	17
4.7	Qualitätssicherung im Gesundheitswesen	18
4.8	Ethik	18

5	**Ärztliche Maßnahmen**	**19**
5.1	Primäre Prävention	19
5.2	Sekundäre Prävention (kurativ)	19

5.3	Tertiäre Prävention (rehabilitativ) 19	**7**	**Epidemiologie** **32**
5.4	Wovon hängt die Teilnahme an Präventionsmaßnahmen ab? 20	7.1	Prävalenz 32
5.4.1	Health-Belief-Modell 20	7.2	Inzidenz 32
5.4.2	Modell des sozialen Vergleichsprozesses 21	7.3	Letalität 32
		7.4	Mortalität / Morbidität 32

5.4.3 Internale/externale Kontrollüberzeugung (Attribution) 21
5.4.4 Selbstwirksamkeitserwartung/Kompetenzerwartung 21
5.4.5 Repression/Sensitivierung 22
5.5 Transtheoretisches Modell der Verhaltensänderung 22

8 Soziostrukturelle Determinanten des Lebenslaufs: Die sozialen Schichten 33

8.1 Der Schichtindex/sozioökonomischer Status 33
8.2 Statuskonsistenz und -inkonsistenz 33
8.3 Erworbener und zugeschriebener Status 34
8.4 Vertikale und horizontale Mobilität 34
8.5 Intra- und Intergenerationsmobilität 34
8.6 Schichtunterschiede im Erziehungsverhalten 35
8.6.1 Berufstätigkeit und Erziehung 35

6 Soziodemografische Determinanten des Lebenslaufs: Die Bevölkerungsentwicklung 26

6.1 Altersstruktur 26
6.2 Demografisches Altern 27
6.3 Formen der Alters-/Bevölkerungspyramide 28
6.4 Lebenserwartung 28
6.5 Theorien zur Entwicklung der Bevölkerung 28
6.5.1 Malthus' Gesetz (1766 – 1834) 28
6.5.2 Theorie des demografischen Übergangs/der demografischen Transformation 29
6.6 Bevölkerungsbewegung 30
6.7 Fourastié-Hypothesen zur Entwicklung der Erwerbsstruktur 30
6.8 Veränderungen im Zuge der Modernisierung 30
6.8.1 Zweckrationales Handeln 31
6.8.2 Weitere Veränderungen im Zuge der Modernisierung 31
6.8.3 Kontraktionsgesetz 31
6.8.4 Karl Marx 31

9 Sozialpsychologische Gesundheits- und Krankheitsmodelle 36

9.1 Kognitive Dissonanztheorie (Festinger) 36
9.2 Sozioemotionale Schutz- und Risikofaktoren 36

10 Soziologische Modelle 38

10.1 Schichtunterschiede und Gesundheit .. 38
10.2 Erklärungsansätze für Schichtunterschiede bei Gesundheit und Krankheit 38

1 Gesellschaft, Gesundheit und Krankheit

 Fragen in den letzten 10 Examen: 18

Die Soziologie ist die Wissenschaft, die sich mit den Gesetzmäßigkeiten des gesellschaftlichen Lebens befasst. In der medizinischen Soziologie werden die Begriffe, Methoden und Theorien der Soziologie auf die Analyse von Phänomenen der Gesundheit und Krankheit angewandt. Dabei geht es beispielsweise um die Anwendung und Übertragung folgender Inhalte:
- das Verhalten von Menschen untereinander (soziales Verhalten), z. B. in der Arzt-Patient-Interaktion und -Kommunikation,
- Entwicklung und Aufbau von Gesellschaften, z. B. bei den Auswirkungen der gesellschaftlichen Veränderungen auf den Beruf des Arztes und
- die Strukturmerkmale der Gesellschaft (soziale Ungleichheit, Schichten), z. B. beim Einfluss der sozialen Schicht auf Gesundheits- und Krankheitsverhalten.

Gesundheit und Krankheit sind keine objektiven oder rein naturwissenschaftlich definierten Zustände. Was als „krank" oder „gesund" bezeichnet wird, hängt vom gesellschaftlichen Kontext ab, in dem sich ein Individuum bewegt. Und auch das daraus folgende Verhalten wird von gesellschaftlichen Regeln beeinflusst. In diesem Kapitel geht es um soziale Phänomene und ihre Konsequenzen für den Bereich der Medizin sowie für Aspekte von Gesundheit und Krankheit.

1.1 Was ist Sozialisation?

Norbert Elias bezeichnet den geschichtlichen Prozess der „Bändigung willkürlicher, spontaner Verhaltens- und Affektäußerungen im Dienste der Ausbreitung von Selbstkontrolle" als Zivilisierung. Diese geschichtliche Zivilisierung, die Elias für den Zeitraum von 800 bis 1900 n. Chr. beschreibt, geschieht durch die Sozialisation des Einzelnen im Laufe seines Lebens, in dem jede Person die eigenen Bedürfnisse mit den Bedürfnissen anderer in Einklang bringt. Hierbei lernt der zunächst unsoziale Säugling, sein Verhalten den sozialen Anforderungen seiner Umwelt (den Wünschen und Erwartungen der Eltern, Geschwister, Lehrer etc.) anzupassen. Sozialisation meint also das Hineinwachsen in gesellschaftliche und soziale Bezüge.

> **Übrigens …**
> Sozialisation ist ein lebenslanger Prozess, der NICHT zielgerichtet abläuft.

1.2 Normen

Zum Thema Normen wurden bislang vor allem die einzelnen Normbegriffe (s. „Merke" S. 2) und die unterschiedlichen Arten normabweichenden Verhaltens (s. 1.2.2, S. 2) gefragt.

1.2.1 Soziale Normen

Soziale Normen sind verbindliche Verhaltenserwartungen, die innerhalb einer bestimmten Gruppe gelten. Ihr Nicht-Einhalten wird negativ sanktioniert (bestraft), ihr Einhalten dagegen belohnt.

> **Übrigens …**
> Die Einhaltung von sozialen Normen ist ein Kriterium der Zugehörigkeit zu einer bestimmten Gruppe, deren Regeln man akzeptiert und befolgt. Innerhalb einer Gruppe helfen die Normen dabei, das Verhalten der anderen Mitglieder zu antizipieren, da man weiß, nach welchen Regeln sich hier alle verhalten.

1 Gesellschaft, Gesundheit und Krankheit

Im Examen werden in diesem Zusammenhang gerne Zustände beschrieben und nach dem passenden Normbegriff gefragt: So entspricht z. B. „Schummeln in Klassenarbeiten" der statistischen Norm, nicht aber der sozialen Norm.

> **Merke!**
>
> - **Soziale Norm** = Was wird von der Gruppe verbindlich erwartet?
> - **Funktionsnorm** = Funktioniert es?
>   (z. B. ein Blutdruck von RR > 140/90)
> - **Idealnorm** = Ist es der ideale Zustand?
>   (z. B. sieht die WHO-Definition von Gesundheit einen Blutdruck von RR < 120/80 vor)
> - **Statistische Norm** = Orientiert sich am Mittelwert, bzw. ist es ein häufiger Zustand? (z. B. ein Blutdruck von RR < 130/85)
> - **Therapeutische Norm** = Ziel ist die Risikosenkung für Folgeerkrankungen, also was für den betroffenen Patienten langfristig gesund erhält (z. B. Blutdruck RR<140/90)

1.2.2 Primäre und sekundäre Devianz

Weicht das Verhalten eines Menschen von der sozialen Norm ab, wird diese Abweichung als Devianz bezeichnet. Deviantes Verhalten lässt sich wiederum in primäre und sekundäre Devianz unterteilen:
- Als **primäre Devianz** wird das ursprüngliche normabweichende Verhalten bezeichnet. Beispielsweise verhält sich ein Mensch, der aufgrund eines Unfalls im Rollstuhl sitzt, deviant, da er sich anders als der „normale Mensch" fortbewegt.
- Als **sekundäre Devianz** wird die Verhaltensabweichung bezeichnet, die als Folge erfahrener gesellschaftlicher Etikettierung auftritt. Reagieren andere Menschen auf den Rollstuhlfahrer mit Mitleid und dauernden Hilfsangeboten, kann diese gesellschaftliche Reaktion auf seine Situation dazu führen, dass er sich selbst als immer hilfsbedürftiger und abhängiger empfindet und daraufhin von sich aus stärkere Unterstützung einfordert und/oder sich weniger zutraut.

Solche „verstärkten Normabweichungen" aufgrund von sozialer Etikettierung spielen bei Behinderungen oder physischen und psychischen Krankheiten eine Rolle. Der psychisch Kranke verhält sich beispielsweise merkwürdig und wird deswegen als „verrückt" angesehen, was einen verstärkten Rückzug bis zur sozialen Isolation nach sich ziehen kann.

1.3 Soziale Institutionen

Gesellschaften richten in verschiedenen Lebensbereichen Institutionen ein, die grundlegende Erfordernisse regeln (z. B. Gesundheitssystem, Bildungssystem). Diese Institutionen sind **Bestandteile der sozialen Ordnung**, d. h. durch sie wird geregelt, wie bestimmte gesellschaftliche Prozesse normgerecht verlaufen (z. B. Schulbesuch mit Schulpflicht).

Solche Institutionen haben Vorteile für die Mitglieder einer Gesellschaft. Viele Lebensbereiche werden gemeinschaftlich geregelt, sodass sich der Einzelne nicht um ihre Organisation kümmern muss (z. B. Bereitstellung von Schulen, Gesundheitsversorgung).

Allerdings gehen mit der Struktur sozialer Institutionen auch Nachteile einher. Soziale Institutionen arbeiten standardisiert und sind **nicht an individuellen Bedürfnissen orientiert** (z. B. gleiche Lehrpläne für alle Kinder, unabhängig von ihrem kulturellen und sprachlichen Hintergrund).

Ein Beispiel für eine soziale Institution ist die Familie. Ihre Aufgabe besteht in der Sicherstellung dauerhafter emotionaler Beziehungen. Die Familie ist verantwortlich für Erziehung und Sozialisation, leistet Fürsorge in Krisensituationen und ist auch für die Weitergabe von Eigentum von der älteren Generation auf die jeweils jüngere zuständig (Tradierung).

2 Arzt-Patient-Beziehung

 Fragen in den letzten 10 Examen: 19

In diesem Kapitel wird zunächst die Seite des Arztes mit ihren Merkmalen und Rollenanforderungen betrachtet. Anschließend geht es um die Erwartungen des Arztes an den Patienten, um schließlich im dritten Teil Phänomene der Arzt-Patient-Interaktion aufzuzeigen.

2.1 Professionalisierung des Arztberufs

Über eine lange Entwicklung ist der Arztberuf zu einer Profession geworden. Das bedeutet Folgendes:

2.1.1 Merkmale einer Profession

Die Merkmale einer Profession (Beruf, Gewerbe) kann man zur leichteren Strukturierung in vier Bereiche aufteilen. Der erste betrifft die **Kompetenzsicherung**. Das bedeutet, Angehörige einer Profession kümmern sich darum, dass die notwendigen Schritte unternommen werden, um einen hohen Leistungsstandard zu entwickeln und zu erhalten. Zudem geht eine Profession mit Privilegien gegenüber konkurrierenden ähnlichen Berufen einher. Und darüber hinaus genießen Angehörige einer Profession besondere Freiheitsprivilegien. Als vierter Punkt gehört zur Profession eine eigene Berufsethik und deren Beachtung (s. 4.8, S. 18).

Zur Kompetenzsicherung im Rahmen des Arztberufs gehören:

- die Sicherstellung einer akademischen Aus- und Weiterbildung und
- die funktionale Differenzierung ärztlicher Leistungsanbieter (Fachärzte).

Zu den Privilegien gegenüber den Konkurrenten gehören:

- ein monopolartiges Leistungsangebot (keine echte Konkurrenz zwischen ärztlichem und nicht-ärztlichem Angebot) sowie
- Prestige und Einkommensvorteile gegenüber nicht-ärztlichen Leistungsanbietern (z. B. gegenüber Heilpraktikern).

Zu den Freiheitsprivilegien der Ärzte gehören:

- ein hohes Maß an beruflicher Autonomie (z. B. muss ein niedergelassener Arzt niemanden bezüglich seiner Therapieentscheidungen fragen) und
- kollegiale Eigenkontrolle (z. B. Peer-Review = Begutachtung der Leistungen von Fachkollegen durch andere Fachkollegen, wenn es um die Effektivität von medizinischen Maßnahmen geht).

2.2 Soziale Rollen und die Arzt- und Krankenrolle

Soziale Rollen sind Verhaltensmuster, die eine Gruppe von ihren Mitgliedern erwartet. Zum Beispiel wird von einem Familienmitglied aufgrund seiner Zugehörigkeit zur „Gruppe Familie" erwartet, dass es sich an der Hausarbeit beteiligt oder von einem Arzt im Krankenhaus, dass er bestimmte Aufgaben übernimmt.
Man unterscheidet formelle (positionsspezifische) von informellen (personenspezifischen) Rollenerwartungen.

- Die **formellen** Rollenerwartungen ergeben sich auf Grundlage einer Position. So hat ein Oberarzt bestimmte Aufgaben, die in seinem Arbeitsvertrag geregelt sind. Ein Klassensprecher hat ebenfalls genau definierte Pflichten.

2 Arzt-Patient-Beziehung

- Die **informellen** Rollenerwartungen ergeben sich durch das gezeigte eigene Verhalten. Von einem Klassenclown erwartet man aufgrund seines eigenen in der Vergangenheit gezeigten Verhaltens, dass er z. B. vorlaut ist.

Jeder Mensch hat gleichzeitig mehrere soziale Rollen, die er zum Teil automatisch bekommen hat (z. B. die Rolle des Sohns, der Tochter, des Schülers) oder die er sich ausgesucht hat (z. B. Vereinsmitglied im Tennisclub).

2.2.1 Rollenkonflikte

Zu Rollenkonflikten kommt es, wenn an eine Person als Träger einer oder mehrerer Rollen nicht vereinbare Erwartungen gestellt werden. Solche Rollenkonflikte können psychische oder auch psychosomatische Beschwerden nach sich ziehen.

> **Merke!**
>
> Rollenkonflikte beziehen sich immer auf ein und dieselbe Person. Es gibt zwei Arten von Rollenkonflikten:
> Intra- und Interrollenkonflikte.
> Inter = zwischen, Intra = innerhalb!
> Interrollenkonflikt = Konflikt zwischen zwei Rollen,
> Intrarollenkonflikt = Konflikt innerhalb einer Rolle.

- Bei **Intrarollenkonflikten** sind die Erwartungen, die an jemanden in ein und derselben sozialen Rolle gestellt werden, miteinander nicht vereinbar.
- Bei **Interrollenkonflikten** werden an eine Person unvereinbare Erwartungen gestellt, die sich jedoch auf Erwartungen bezüglich verschiedener Rollen beziehen.

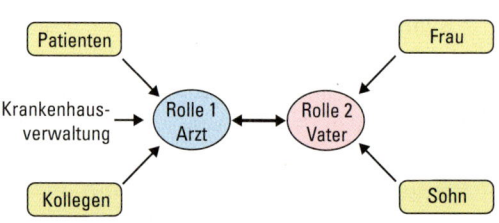

Abb. 1: Rollenkonflikt *medi-learn.de/6-psycho3-1*

> **Beispiel**
> Der Unterschied zwischen beiden Konflikttypen wird anhand eines Beispiels sicherlich klarer: Stell dir vor, Max ist Assistenzarzt am städtischen Krankenhaus (Rolle 1) und zudem Familienvater (Rolle 2). Weitere Rollen von Max können wir in diesem Fall vernachlässigen.
> Ein Interrollenkonflikt kann zwischen den Rollen Arzt und Vater entstehen. Als Arzt wird von Max erwartet, einen Wochenenddienst zu übernehmen, als Vater wird von ihm erwartet, seinen Sohn zum Fußballturnier zu begleiten.
> Ein Intrarollenkonflikt entsteht innerhalb einer Rolle, wenn sich die Erwartungen verschiedener Rollensektoren nicht entsprechen. So erwartet die Verwaltung (Rollensektor 1), dass Max das kostengünstige Medikament verschreibt, der Patient (Rollensektor 2) erwartet das wirksamste und teurere Medikament.

2.2.2 Arztrolle nach Parsons

Talcott Parsons, ein amerikanischer Soziologe (1902–1979), hat Verhaltenserwartungen an den Arzt und an den Kranken beschrieben. Er charakterisiert diese Rollen als komplementär, d. h. wenn Arzt und Patient sich gemäß seiner Idealvorstellung verhalten, soll das Handeln von Arzt und Patient optimal aufeinander abgestimmt sein und sich ergänzen. An den Arzt werden dabei folgende Rollenerwartungen gestellt:
- **Affektive Neutralität:** Der Arzt soll den Patienten unabhängig von persönlichen Ge-

fühlen wie Zu- oder Abneigung behandeln.
- **Universalistische Orientierung**: Hilfe soll uneingeschränkt jedem zuteil werden. Jede Person soll nach gleichen Grundsätzen ärztlicher Kunst behandelt werden.
- **Kompetenz**: Der Arzt soll in seinem Gebiet über ausreichendes Wissen verfügen.
- **Funktionale Spezifität**: Der Arzt soll sein Handeln auf ärztliche Leistungen beschränken und – selbst wenn er darum gebeten wird – sich NICHT zu anderen Gebieten äußern (z. B. Überweisung an Spezialisten, keine Beratung in weltanschaulichen Fragen o. Ä.).
- **Kollektivitätsorientierung**: Der Arzt soll uneigennützig sein und seine Behandlung nicht an seinem persönlichen Gewinn ausrichten.

2.2.3 Krankenrolle nach Parsons

Auch an Kranke hat die Gesellschaft bestimmte Erwartungen. Diese weichen von den Normen, die für gesunde Menschen gelten, ab. Für den Kranken gelten nach T. Parsons folgende Verhaltensregeln:
- Der Kranke ist **befreit von sozialen Normen**. Beispielsweise darf ein kranker Mensch wegen seiner Schmerzen laut stöhnen und jammern, was bei einem Gesunden als unpassend empfunden würde.
- Der Kranke wird für seine Krankheit zunächst **nicht verantwortlich** gemacht.
- Der Kranke muss dem behandelnden Arzt gegenüber kooperativ sein (Compliance).
- Der Kranke soll sich darum bemühen, schnell wieder zu genesen.

2.3 Kooperation/Compliance

Compliance ist die Bereitschaft des Patienten, den Anordnungen des Arztes Folge zu leisten. Ob ein Patient Compliance zeigt, hängt von verschiedenen Faktoren ab. Folgende Punkte stehen alle in einem positiven Zusammenhang zur Compliance (wenn sie erfüllt sind, ist Compliance wahrscheinlicher):
- Zufriedenheit mit der ärztlichen Behandlung,
- Überzeugung von der Notwendigkeit der Maßnahme,
- Wissen über Vor- und Nachteile der Behandlung und über mögliche Alternativen (gute Informationsbasis),
- Gefühl der Mitverantwortung an der Behandlung (z. B. muss der Patient verstehen, dass er mitentscheidet, wie die Behandlung verläuft),
- Verständlichkeit des Therapieplans und
- stabile soziale Situation des Patienten (Stabilität der familiären Situation).

Ein Spezialfall von Non-Compliance – also der Nicht-Befolgung ärztlicher Ratschläge – ist die **intelligente Non-Compliance**. Davon spricht man, wenn ärztliche Ratschläge sinnvollerweise missachtet werden. Hat beispielsweise ein Allergiker ein neues Medikament verschrieben bekommen und stellt nach der ersten Einnahme fest, dass er überall rote Pusteln und starken Juckreiz bekommt, ist es sinnvoll, das Medikament entgegen des ärztlichen Behandlungsplans sofort abzusetzen.

2.3.1 Reaktanz

Auch Reaktanz kann ein Grund für die Nichtbefolgung ärztlicher Ratschläge sein. Reaktanz entsteht, wenn sich eine Person in ihrer Freiheit eingeschränkt fühlt. Die Person ist dann bestrebt, das Gegenteil von dem zu tun, was von ihr erwartet wird bzw. sie weigert sich ärztlichen Empfehlungen zu folgen. Reaktanz führt also zu einer Trotzreaktion.

2.4 Iatrogene Fixierung

Der Begriff „iatrogen" kommt aus dem Griechischen und bedeutet soviel wie „durch den Arzt hervorgerufen". Von einer iatrogenen Fixierung spricht man, wenn ein Patient aufgrund des ärztlichen Verhaltens auf seinem Leiden besteht oder an einer Symptomatik festhält, die objektiv gar nicht mehr vorhanden ist. Ein Grund für solches Verhalten kann z. B. darin bestehen, dass der Patient sich selbst psychische Probleme nicht eingestehen will, sondern diese lieber „organisch" interpretiert. In manchen Fällen kann eine iatrogene Fixierung sich zu einer **Hypochondrie**, also einer übermäßigen Sorge um die eigene Gesundheit entwickeln.

Auch der Arzt kann durch sein Verhalten maßgeblich die iatrogene Fixierung verstärken, z. B. wenn er auf Wunsch des Patienten auch unnötige Untersuchungen wiederholt. Stattdessen wäre es sinnvoll, die psychischen Probleme auch anzusprechen.

> **Beispiel**
> Aufgrund der intensiven Untersuchung seines Bauches meint der Patient, dass dort eine Symptomatik vorliegen müsse, obwohl der Arzt ihm sagt, es sei alles in Ordnung. Das mehrmalige Abtasten und die folgende Ultraschalluntersuchung interpretiert der Patient jedoch als „Beweis" für das Vorliegen einer Erkrankung.

2.5 Über- und Gegenübertragung

In der Interaktion zwischen Arzt und Patient schwingen immer auch Erfahrungen mit, die beide Personen mit anderen Menschen in der Vergangenheit gemacht haben. Zu großen Teilen verlaufen solche Aktivierungen von vergangenen Interaktionsmustern jedoch **unbewusst**. Die Psychoanalyse hat diese Prozesse genauer beschrieben.

2.5.1 Übertragung

Der Patient wiederholt Einstellungen oder Verhaltensmuster, die er in der Kindheit bestimmten Personen gegenüber erworben hat, in seiner Beziehung zum Arzt/Therapeuten.
Beispielsweise führt das autoritäre Auftreten des Arztes dazu, dass der Patient sich wieder in eine Art unterlegene Kinderrolle, wie er sie gegenüber seinem Vater hatte, hineinbegibt und sich vollkommen vom Arzt abhängig macht. Dieses Verhalten ist ihm jedoch nicht bewusst. Während der psychoanalytischen Therapie werden solche Übertragungsphänomene genutzt, um mehr über bedeutsame frühkindliche Interaktionsmuster des Patienten zu erfahren.

2.5.2 Gegenübertragung

Der Arzt nimmt die ihm vom Patienten übertragene Rolle an und verhält sich entsprechend. Überträgt der Patient dem Arzt die Rolle des Vaters und der Arzt verhält sich entsprechend autoritär, so spricht man von Gegenübertragung.

Übertragungs- und Gegenübertragungsprozesse können in psychoanalytischen Therapien genutzt werden, um frühere ungünstige Beziehungserfahrungen zu korrigieren; diese Prozesse können aber auch hinderlich sein. Um schwierige Arzt-Patienten-Beziehungen zu besprechen, treffen sich daher insbesondere psychoanalytisch orientierte Ärzte in so genannten **Balintgruppen**.

> **Merke!**
> – Ein Übertragungsprozess geht immer vom **Patienten** aus.
> – Von Gegenübertragung spricht man, wenn der **Arzt oder Therapeut** die ihm übertragenen Aspekte annimmt.

DAS BRINGT PUNKTE

Um Punkte zu sammeln, empfiehlt es sich, den Unterschied zwischen dem **Intra- und** dem **Interrollenkonflikt** genau zu kennen. Um welche Art von Konflikt es sich handelt, kannst du an der Darstellung der betroffenen Person erkennen:

– Wird sie nur in Bezug auf eine Rolle beschrieben (z. B. Frau Müller ist Patientin), geht es IMMER um einen Intrarollenkonflikt, bei dem verschiedene Bezugsgruppen (z. B. der behandelnde Arzt und das Pflegepersonal) an die Person in ihrer einen Rolle nicht vereinbare Erwartungen stellen.

– Werden dagegen zwei Rollen (z. B. Frau Müller ist Ärztin und Mutter) dargestellt, handelt es sich um einen Interrollenkonflikt, bei dem an die eine Person von verschiedener Seite Erwartungen gestellt werden, die sich jetzt jedoch auf ihre verschiedenen Rollen beziehen. (Beispiel: Eine Patientin möchte etwas von Frau Müller als Ärztin und ihre Tochter möchte etwas von Frau Müller als Mutter.)

Pause

Ein paar Seiten hast du schon geschafft! Päuschen und weiter geht's!

„Gibt es Krankenhäuser am Kilimandscharo?"

Wir helfen Ihnen, Ihren Famulatur- und PJ-Auslandsaufenthalt vorzubereiten!

Mit kostenfreien Informationsmappen zu 32 Ländern

- Wertvolle Tipps
- Kontaktadressen
- Hintergrundinformationen
- Erfahrungsberichte von Medizinstudierenden und jungen Ärzten

Lassen Sie sich beraten!

Nähere Informationen und unseren Repräsentanten vor Ort finden Sie im Internet unter www.aerzte-finanz.de

Deutsche Ärzte Finanz

Standesgemäße Finanz- und Wirtschaftsberatung

3 Arzt-Patient-Kommunikation und Interaktion

 Fragen in den letzten 10 Examen: 23

In diesem Kapitel geht es zunächst um allgemeine Phänomene der Kommunikation, die u. a. in der Verständigung zwischen Arzt und Patient relevant sind. Den Abschluss bilden verschiedene Arten der Gesprächsführung, die – im Falle der Arzt-Patient-Kommunikation – jeweils unterschiedliche Konsequenzen für die Qualität der Beziehung und damit gegebenenfalls auch für das Verhalten des Patienten im weiteren Therapieverlauf haben können.

3.1 Kommunikationskanäle

Kommunikation findet immer statt. „Man kann nicht nicht kommunizieren," lautet ein Axiom der Kommunikation nach Paul Watzlawick. Denn auch wenn beide Gesprächspartner schweigen, senden sie jeweils eine Botschaft. Schon der Gesichtsausdruck und die Körpersprache vermitteln – häufig ohne dass sich der Sender dessen vollkommen bewusst ist – eine Nachricht.

Man kann verschiedene Kommunikationskanäle unterscheiden, auf denen beabsichtigte oder auch nicht beabsichtigte Nachrichten vermittelt werden:

Die verbale Kommunikation

- umfasst die Bedeutung dessen, was wörtlich gesagt oder geschrieben wird,
- ist relativ kontrolliert und
- der Inhaltsaspekt (der tatsächliche Wortlaut) steht meistens im Vordergrund.

Die paraverbale Kommunikation

- umfasst die nicht den Inhalt betreffenden Merkmale verbaler Kommunikation, wie z. B. Lautstärke, Tonhöhe, Dialektfärbung und Sprechgeschwindigkeit.

Die nonverbale Kommunikation

- umfasst die Gestik und Mimik (ist nicht wortgebunden),
- ist weniger kontrolliert und
- drückt häufig den Beziehungsaspekt aus (z. B. verschränkte Armhaltung, fehlender Blickkontakt).
- Die **Metakommunikation** umfasst die Kommunikation darüber, wie man kommuniziert (z. B. „Ja, so wie Sie nachfragen, merkt man, dass Sie mich verstehen wollen.").

3.2 Vier Seiten einer Nachricht

Nach den verschiedenen Kanälen, auf denen man eine Nachricht „senden" kann, geht es jetzt um die Nachricht selbst. Der Kommunikationspsychologe Friedemann Schulz von Thun unterscheidet vier Seiten oder Aspekte, die jede Nachricht haben kann. Dazu gehören
1. der **Sachinhalt** (worüber man informiert)
2. der **Appell** (was man beim Empfänger mit der Nachricht erreichen will)
3. die **Selbstoffenbarung** (was man mit der Nachricht über sich selbst aussagt) und
4. die **Beziehungsaussage** (was man vom Anderen hält/wie man zueinander steht)

Beispiel
Analysiert man die Nachricht des Beifahrers, so sieht das folgendermaßen aus:
- Der Sachinhalt ist „Mir wird schlecht."
- Der Appell lautet „Fahr nicht so rasant!"
- Die Selbstoffenbarung ist: „Ich fühle mich unwohl."
- Auf der Beziehungsebene kommuniziert er „Du solltest mehr auf mich achten und Rücksicht nehmen."

3 Arzt-Patient-Kommunikation und Interaktion

Die Fahrerin „hört" auf der Beziehungsebene besonders gut und antwortet auch gleich auf diesen Aspekt der Nachricht „Dir kann ich's auch nie recht machen".

Abb. 2: Verschiedene Seiten einer Nachricht

medi-learn.de/6-psycho3-2

3.3 Das ärztliche Gespräch

Vor einer ärztlichen Behandlung steht immer eine Anamnese. **Eigenanamnestische** Angaben stammen von Patienten selbst, **fremdanamnestische** Angaben von Eltern, Verwandten, Freunden oder Ersthelfern.
Im Gesprächsverlauf unterscheidet man zwischen **Krankheitsanamnese** („seit wann welche Beschwerden?"), **Medikamenten- und Drogenanamnese** (Alkohol, Nikotin, sonstiges), Vorbehandlungen sowie **Familienanamnese** (Erkrankungen in der Familie) und **Sozialanamnese** (Beruf, Familienstand, soziales Umfeld).
Nach einer Behandlung kann eine **Katamnese** (= Nachbefragung) erhoben werden, die in der Regel der Qualitätssicherung dient.

3.4 Symmetrische und asymmetrische Kommunikation

Die Kommunikation zwischen zwei Gesprächspartnern kann man bezüglich der Anteile der Gesprächslenkung beschreiben:
– Eine **symmetrische Kommunikation** liegt vor, wenn beide das Gespräch in gleichem Maße lenken und sich als ebenbürtige Gesprächspartner wahrnehmen (z. B. Gespräch zwischen Arbeitskollegen).
– Als **asymmetrisch** wird eine Kommunikation bezeichnet, wenn einer der Gesprächspartner das Gespräch hauptsächlich lenkt (Steuerungsmacht) und dem anderen eine passivere Rolle zugewiesen wird (z. B. Chef stellt Fragen, Mitarbeiter antwortet).

Im Falle der Arzt-Patient-Kommunikation kann es z. B. aufgrund des Kompetenzunterschieds zwischen Arzt und Patient oder wegen organisatorischer Rahmenbedingungen im Krankenhaus zu asymmetrischen Kommunikationssituationen kommen. Asymmetrische Kommunikation führt beim unterlegenen Gesprächspartner häufig zu Unzufriedenheit und kann insofern Missverständnisse fördern, z. B. wenn der unterlegene Gesprächspartner das Gefühl hat, seine Bedürfnisse nicht äußern zu können.

> **Merke!**
>
> Statt asymmetrischer Kommunikation wird auch der Begriff der asymmetrischen **Verbalhandlung** gebraucht.

3.5 Kontingenz

Analysiert man Kommunikationssituationen bezüglich ihrer Symmetrie, kann man dafür auch den Begriff der Kontingenz verwenden.

> **Merke!**
>
> Kontingenz bezeichnet das Ausmaß, in dem die Gesprächspartner in der Kommunikation ihren eigenen Verhaltensplänen folgen oder auf die des Gesprächspartners eingehen.

3.5.1 Wechselseitige symmetrische Kontingenz

Wechselseitige oder symmetrische Kontingenz liegt vor, wenn beide Gesprächspartner sowohl eigene Bedürfnisse ausdrücken können als auch gleichzeitig bereit sind, sich auf die Bedürfnisse des anderen einzustellen.

> **Merke!**
>
> Wechselseitige Kontingenz entspricht einer symmetrischen Kommunikationssituation.

3.5.2 Asymmetrische Kontingenz

Bei der asymmetrischen Kontingenz berücksichtigt einer der Gesprächspartner nur eigene Bedürfnisse und geht nicht auf die Bedürfnisse des anderen ein. Asymmetrische Kontingenz findet man beim direktiven Gesprächsstil (s. 3.6.1, S. 11).

> **Übrigens ...**
> Asymmetrische Kontingenz und asymmetrische Kommunikation bezeichnen dieselbe Gesprächssituation. Ein Beispiel hierfür ist die Visite im Krankenhaus: Die Mehrzahl der Sätze wird vom Arzt gesprochen, der Patient stellt durchschnittlich pro Visite nur eine einzige Frage.

Bei asymmetrischer Kontingenz treten häufig **ausweichende Gesprächsstrategien** auf. Beispielsweise stellt ein Patient die Frage „Warum verbessert sich mein Zustand nicht, obwohl ich doch alle Anweisungen befolge?", die vom Arzt jedoch nicht oder nicht richtig beantwortet wird. Zu diesen ausweichenden Gesprächsstrategien gehören:
- Der **Adressatenwechsel** = Arzt wendet sich z. B. der Schwester zu, statt dem Patienten zu antworten.
- **Beziehungskommentare** = Statt inhaltlich auf die Frage des Patienten einzugehen, kommentiert der Arzt die Art der Fragestellung. Beispiel: „Wenn Sie mir Vorwürfe machen, werden Ihre Schmerzen auch nicht besser."
- Die **Mitteilung funktionaler Unsicherheit**. Beispiel: „Nun lassen Sie uns erst mal die Untersuchung beenden, statt zu spekulieren."
- **Themenwechsel**. Beispiel: „Wie sieht es denn mit der Verträglichkeit der Medikamente aus?"

3.6 Direktive und non-direktive Gesprächsführung

Arzt-Patient-Gespräche können unterschiedlich stark vom Arzt gelenkt werden.

3.6.1 Direktiver Gesprächsstil

Als direktiven Gesprächsstil bezeichnet man Gespräche mit
- dominantem Gesprächsverhalten des Arztes (Arzt stellt Fragen, Patient antwortet),
- eingeschränkten Äußerungsmöglichkeiten des Patienten.

Vorteil dabei ist der rasche Informationsgewinn, Nachteile sind das Risiko diagnostischer Einengung und Probleme beim Aufbau einer guten Arzt-Patient-Beziehung.

3.6.2 Non-direktiver Gesprächsstil

Der non-direktive Gesprächsstil geht auf Techniken der **Gesprächspsychotherapie** nach **Carl Rogers** zurück. Ziel der Gesprächspsychotherapie ist die **Selbstverwirklichung** des Patienten, die der Therapeut durch Gespräche unterstützt.

> **Merke!**
>
> Non-direktive Gesprächsführung wird auch als klientenzentriert oder patientenzentriert bezeichnet.

Nach Rogers kommt es dabei auf folgende Aspekte der Gesprächsführung an:
- positive, bedingungslose **Wertschätzung** des Patienten: Der Arzt/Therapeut soll dem Patienten gegenüber zeigen, dass er ihn als Menschen schätzt, vollkommen unabhängig davon, was dieser getan hat.

3 Arzt-Patient-Kommunikation und Interaktion

- **Echtheit/Selbstkongruenz**: Der Arzt/Therapeut soll sich dem Patienten gegenüber ehrlich verhalten, also seine Gefühle diesem gegenüber (z. B. Ärger) nicht verstecken.
- **Empathie** (einfühlendes Verstehen): Der Arzt/Therapeut soll sich in die Situation des Patienten hineinversetzen und versuchen, dessen Gefühle zu verstehen.
- **Verbalisierung emotionaler Erlebnisinhalte**: Der Arzt/Therapeut soll den Patienten darin unterstützen, über seine Gefühle zu sprechen.

Im Gegensatz zu direktiv geführten Gesprächen sind non-direktive Gespräche
- durch den Patienten bestimmt,
- durch offene Fragen gekennzeichnet und
- frei von Anweisungen.

Vorteil ist, dass diese Art der Gesprächsführung gut für die Arzt-Patient-Beziehung ist (Patient fühlt sich verstanden), der Nachteil liegt im langsameren und weniger kontrollierten Informationsgewinn.

3.7 Sprachcodes

Menschen benutzen – wenn sie miteinander kommunizieren – unterschiedliche Sprachcodes. Das heißt, sie verwenden mehr oder weniger Fach- und Fremdwörter, bauen einfache oder kompliziertere grammatikalische Satzstrukturen usw. Welche Art von Sprachcode verwendet wird, hängt unter anderem mit dem Bildungsniveau zusammen.
Man unterscheidet
- **Fachsprache**: spezielles Vokabular eines Gegenstandsbereichs (z. B. der Medizin) mit entsprechenden Fachausdrücken
- **Elaborierter Sprachcode**: abwechslungsreiche Sprache mit komplexen Grammatikstrukturen, langen Sätzen, großem Wortschatz und vielen Fremdwörtern sowie Gebrauch von Konjunktiv und Adverbien
- **Restringierter Sprachcode**: einfache Sprache mit grammatikalisch simplen Strukturen (Subjekt, Prädikat, Objekt), kleinem Wortschatz und wenig Fremdwörtern

> **Übrigens …**
> Bei Aufklärungsgesprächen (z. B. über eine bösartige Erkrankung) sollte der Arzt nicht sofort mit der Diagnose das Gespräch eröffnen, sondern die Inhalte auf das Informationsbedürfnis, das Vorwissen und die Reaktionen des Patienten abstimmen.

3.8 Modelle medizinischer Entscheidungsfindung

Im medizinischen Alltag müssen ständig Entscheidungen getroffen werden.
Hier gibt es verschiedene Modelle:
- Nach dem **paternalistischen Modell** entscheidet der Arzt als Experte und gibt dem Patienten nur die gesetzlich vorgeschriebenen Informationen.
- Nach dem **„Informed-Decision-Making-Modell"** ist der Arzt Informationslieferant für den Patienten und der Patient der alleinige Entscheidungsträger über das therapeutische Vorgehen. Die ärztliche Vorgehensweise für eine informierte Entscheidungsfindung stellt dabei das **Empowerment** dar. Dabei gibt der Arzt dem Patienten alle notwendigen medizinischen Informationen über Erkrankung und mögliche Therapieoptionen und der Patient entscheidet auf Grundlage seiner persönlichen Situation.
- Nach dem **„Shared-Decision-Making-Modell"** entscheiden Arzt und Patient gemeinsam (partizipativ). Sie teilen sich alle hierfür notwendigen medizinischen und persönlichen Informationen mit. Die partizipative Entscheidungsfindung gilt auch beim IMPP als Best-Way.

> **Übrigens …**
> Unter psychoonkologischem Liasondienst versteht man die unaufgeforderte Einbeziehung eines Psychotherapeuten in die onkologische Abteilung.

4 Patient und Gesundheitssystem

 Fragen in den letzten 10 Examen: 41

Auf den folgenden Seiten geht es um das Verhalten von Menschen, die krank sind oder bei sich besorgniserregende Symptome entdecken (Krankheitsverhalten). Wann sich jemand als „krank" bezeichnet und ob er daraufhin einen Arzt aufsucht oder nicht, ist neben der Schwere der Symptomatik von vielen anderen Faktoren abhängig. Diese subjektiven Faktoren, die das Verhalten und die Entscheidungen des Patienten beeinflussen, sind Gegenstand dieses Kapitels.

4.1 Prozess des Krankheitsverhaltens: Entscheidungsstufen des Hilfesuchens

Man kann sich den Prozess des Krankheitsverhaltens als eine Stufenabfolge vorstellen, die mit der Symptomwahrnehmung beginnt und je nach den folgenden Entscheidungen, die ein Patient trifft, unterschiedliche weitere Phasen durchläuft oder abbricht, wenn er seine Symptomatik nicht mehr weiter verfolgen möchte (z. B. weil er sich besser fühlt).

- **Phase 1 – Symptomwahrnehmung:** Man muss die wahrgenommenen Beschwerden (z. B. stechende Kopfschmerzen) für sich bewerten. Interpretiert man sie als ernst und besorgniserregend (z. B. „Solche Schmerzen hatte ich noch nie. Vielleicht steckt dahinter etwas Ernstes."), wird Phase 2 eingeleitet, ansonsten kommt es wahrscheinlich zu keiner weiteren Beschäftigung mit der Symptomatik.
- **Phase 2 – Selbstmedikation:** Die zweite Entscheidung gilt der Selbstmedikation. Im Beispielfall ist es wahrscheinlich, dass man sein bevorzugtes Mittel gegen Kopfschmerzen einnehmen wird.
- **Phase 3 – Mitteilung an Nahestehende:** Bleibt die Symptomatik bestehen, wird man vielleicht die Entscheidung treffen, anderen von seinen Beschwerden zu berichten. Man informiert das Laiensystem (d. h. Nicht-Mediziner) und holt sich bei ihnen Rat. (Im Falle unserer Kopfschmerzen kann dieser Rat von „Vielleicht ist es ein Tumor. Du solltest sofort eine Kernspin-Untersuchung machen." bis zu „Sehr gut gegen solche Schmerzen helfen Yoga und Kamillentee." reichen).
- **Phase 4 – Kontakt mit dem medizinischen Versorgungssystem** (Beginn der wirklichen „Patientenrolle"): Falls man sich entscheidet, schulmedizinische Hilfe in Anspruch zu nehmen, trifft man in der vierten Phase zum ersten Mal auf einen Arzt. Hier beginnt die Arzt-Patient-Interaktion und, wenn alles gut läuft und der Arzt dem Patienten helfen kann, endet die Patientenkarriere mit dem letzten Arztbesuch.

Übrigens …
- Die Stufe des Ratsuchens bei anderen wird als Laienzuweisungssystem bezeichnet. Je nachdem, welche Vorschläge gemacht werden, wird die Patientenkarriere unterschiedlich verlaufen.
- Der größte Anteil aller Erkrankungen wird im Laiensystem diagnostiziert und therapiert. Dadurch kann die Früherkennung schwerwiegender Erkrankungen erschwert werden.

4.2 Begriffe des Krankheitsverhaltens

Ob ein Patient seine Beschwerden eher übertreibt oder herunterspielt, wird mit folgenden Begriffen beschrieben:
- **Aggravation** = Unbewusste Übertreibung von empfundenen Beschwerden

4 Patient und Gesundheitssystem

- **Bagatellisierung** = Unbewusste Untertreibung von Beschwerden
- **Simulation** = Bewusstes Vorspiegeln falscher Tatsachen (Beispiel: Patient täuscht Migräneanfälle vor, um Rentenbegehren zu erreichen)
- **Dissimulation** = Bewusstes Herunterspielen von Beschwerden, also eine Täuschung in Richtung von Verharmlosung, z. B. durch Relativierungen (Beispiel: „Es könnte mir viel schlimmer gehen.").
- **Komorbidität** = gemeinsames Auftreten von Erkrankungen, z. B. wenn ein Patient nach einer Krebserkankung eine Depression bekommt.

4.2.1 Laienätiologie und subjektive Krankheitstheorie

Auch Nicht-Mediziner (Laien) haben Vorstellungen darüber, was die Ursachen für eine Erkrankung sind. Solche Vorstellungen werden als **Laienätiologie** bezeichnet. Beispiel: Jemand nimmt an, dass psychische Störungen sich bei Menschen entwickeln, die eine schwierige Kindheit hatten.

Bildet der einzelne Patient Hypothesen hinsichtlich der Ursachen seiner Symptomatik, spricht man von einer **subjektiven Krankheitstheorie**. Beispiel: Ein Patient geht davon aus, dass seine Magenbeschwerden von Zusatzstoffen in den Lebensmitteln kommen.

4.2.2 Krankheitsgewinn

Als Krankheitsgewinn werden die positiven Folgen bezeichnet, die der Zustand als Kranker (das Eintreten in die Krankenrolle) für den Patienten haben kann. Dabei muss man den primären vom sekundären Krankheitsgewinn unterscheiden.

> **Merke!**
> - **Primärer Krankheitsgewinn** ist ein psychoanalytischer Begriff, der die Reduktion der intrapsychischen Spannung durch die Entwicklung eines Symptoms beschreibt.
> - Als **sekundärer Krankheitsgewinn** werden allgemein alle Vorteile bezeichnet, die der Patient durch die Krankheit hat.

Beispiel
- Primärer Krankheitsgewinn: Hysterische Blindheit (Symptom) „hilft" einem Patienten, die angstauslösenden Situationen nicht mehr zu sehen.
- Sekundärer Krankheitsgewinn: Patient ist von Verantwortung enthoben, bekommt Aufmerksamkeit, muss nicht zur Arbeit gehen ...

4.3 Inanspruchnahme ärztlicher Leistungen

In großen epidemiologischen Studien haben sich verschiedene Faktoren herauskristallisiert, die im Zusammenhang mit der Nutzung ärztlicher Leistungen stehen:
- Belastung des Gesundheitszustandes (je stärker, desto eher)
- Lebensalter (je älter, desto eher)
- Zahl der niedergelassenen Ärzte/Fachärzte pro Einwohner (je höher die (Fach-)Arztdichte, desto eher = angebotsinduzierte Nachfrage)
- Höhe der Selbstbeteiligung des Versicherten (je höher, desto seltener)

Die subjektive Gesundheitsbelastung ist der wichtigste Faktor für die Nutzung ärztlicher Leistungen.

4.3.1 Schichtzugehörigkeit und Inanspruchnahme ärztlicher Leistungen

Auch zwischen der Schichtzugehörigkeit und der Häufigkeit der Arztnutzung gibt es einen Zusammenhang. Dieser ist jedoch vor allem qualitativ. Das bedeutet, dass Angehörige unterer sozialer Schichten Ärzte eher zur Krisenintervention aufsuchen, während Angehörige höherer sozialer Schichten den Arzt eher präventiv nutzen.

4.4 Das Gesundheitssystem in Deutschland

Fragen zum Thema Gesundheitswesen tauchen häufiger im Examen auf und erhitzen nicht nur die Gemüter der Politiker, sondern auch der Physikumskandidaten.

4.4.1 Krankheitskosten

Durch Krankheit entstehen **direkte** Kosten für die Wiederherstellung der Gesundheit und **indirekte** Kosten z. B. durch Arbeitsausfälle. Die indirekten Kosten sind kaum zu beziffern, die direkten Kosten betrugen im Jahr 2008 ca. 246 Milliarden Euro. Das sind ca. zehn Prozent des Bruttoinlandprodukts. In der Gesundheitswirtschaft finden sich mit 4,2 Millionen auch etwas mehr als zehn Prozent aller Beschäftigten. Auf 1000 Personen kommen ca. 3,5 niedergelassene Ärzte und etwa 10 Pfleger(innen).
Die Gesamtbevölkerung der Bundesrepublik Deutschland umfasst ca. 82 Millionen Menschen (42 Mio. Frauen, 40 Mio. Männer).
Die Krankheitskosten pro Kopf und Jahr betragen rund 3100 Euro pro Person (3440 € pro Frau, 2740 € pro Mann).
Das älteste Fünftel der Bevölkerung (über 65 Jahre, ca. 17 %) kostet dabei rund die Hälfte (43 %). Den Anteil der ökonomisch Abhängigen (alle Personen zwischen null und 20 Jahren und alle über 60-Jährigen) an der Gesamtbevölkerung nennt man **Belastungsquotient**, als **Altersquotienten** bezeichnet man den Anteil der über 60-Jährigen an der Gesamtbevölkerung. Krankenhausbehandlungen stellen etwa ein Drittel, ambulante Arzneimittelkosten und ärztliche Behandlungen jeweils ein Sechstel der gesamten Kosten.
Dabei werden die Krankenhausbehandlungen in Form von Fallpauschalen vergütet, auf Basis so genannter Diagnosis Related Groups (DRG). Diese vereinheitlichen bundesweit die Bezahlung medizinischer Leistungen und sollen durch Vergleichbarkeit und Transparenz die Kosten im Gesundheitssystem senken.

Die Kostenstruktur im Gesundheitswesen

Krankenhausbehandlung	34 %
Arzneimittel aus Apotheken	17 %
ärztliche Behandlung	15 %
Verwaltung	5 %
zahnärztliche Behandlung	5 %
Krankengeld	4 %
Sonstiges	20 %

4.4.2 Finanzierung des Gesundheitssystems

Das Gesundheitssystem lässt sich grundsätzlich durch verschiedene Modelle finanzieren:
- durch das **Fürsorgemodell** (Beveridgemodell) aus Steuergeldern (z. B. in Großbritannien und Norwegen),
- durch das **Versicherungsmodell** (Bismarckmodell) aus Pflichtversicherungsbeiträgen (z. B. in Deutschland und Frankreich) oder
- durch **freiwillige Versicherungsbeiträge** (z. B. in den USA)

In Deutschland besteht das Versicherungsmodell. 90 % der Bevölkerung sind Mitglied einer gesetzlichen Krankenversicherung (GK). Bis zu einer bestimmten Einkommensgrenze (Einkommensgrenze 2014: 48600 Euro/Jahr) sind alle Arbeitnehmer pflichtversichert. Selbstständige und freischaffende Berufsgruppen sowie Angestellte über der o. g. Einkommensgrenze sind von der Pflichtversicherung befreit. Sie sind in der Regel Mitglied einer privaten Krankenversicherung.

4.4.3 Gesetzliche Krankenversicherung

Es herrscht das **Solidaritätsprinzip**, d. h. die Versicherungsbeiträge richten sich nach der Höhe des Einkommens. Der Leistungsanspruch ist unabhängig von den gezahlten Beiträgen. Bis zur Beitragsbemessungsgrenze (ca. 4050 € monatliches Einkommen) werden ca. 15,5 % (seit 2011) des Bruttoeinkommens an die gesetzliche Krankenkasse abgeführt, die Hälfte wird vom Arbeitgeber getragen, die andere Hälfte trägt der Arbeitnehmer. Ober-

4 Patient und Gesundheitssystem

halb der Beitragsbemessungsgrenze werden 14 % des Beitragsbemessungssatzes abgeführt. Ehepartner und Kinder sind beitragsfrei mitversichert. In der GK herrscht das **Sachleistungsprinzip**. Der Versicherte kann über alle im Leistungskatalog aufgeführten Leistungen verfügen, NICHT jedoch über deren Gegenwert. Die Abrechnung der Leistungen erfolgt direkt zwischen dem Arzt und der Kassenärztlichen Vereinigung. Zwischen den GK besteht ein Risikostrukturausgleich. Höhere Belastungen einer Krankenkasse (z. B. der AOK) werden durch Überschüsse der anderen Krankenkasse (z. B. der BARMER GEK) ausgeglichen. Knapp 90 % der Bevölkerung sind in der GK. Nur ca. 60 % der Kosten werden von den GKs getragen.

4.4.4 Private Krankenversicherung

Personen, die nicht pflichtversichert sind, können eine private Krankenversicherung abschließen. Hier herrscht das **Äquivalenzprinzip**: Die Höhe der Beiträge richtet sich nach Höhe des Krankheitsrisikos (je nach Alter, Geschlecht und Vorerkrankung) und der im Krankheitsfall gewünschten Leistung (Einzelzimmer, Chefarztbehandlung etc.). Ein privat Versicherter zahlt zunächst selbst die Arztrechnung und bekommt dann den Betrag von der Kasse zurückerstattet. Hier herrscht das Kostenerstattungsprinzip. Etwa 9 % der Bevölkerung sind privat krankenversichert.

4.4.5 Gesetzliche Unfallversicherung

Arbeits- und Wegeunfälle sowie Berufserkrankungen sind durch die gesetzliche Unfallversicherung abgedeckt. Beiträge werden durch die Arbeitgeber gezahlt. Anschlussheilbehandlungen werden in der Regel von den gesetzlichen Unfallversicherungen übernommen, um so einer vorzeitigen Berentung vorzubeugen („Reha vor Rente").

4.4.6 Gesetzliche Pflegeversicherung

1995 wurde zusätzlich die gesetzliche Pflegeversicherung eingeführt. Sie deckt Sach- und Personalkosten im Pflegefall. Die Pflegekassen sind den jeweiligen Krankenkassen zugeordnet. Bei Arbeitnehmern werden ca. 2 % des Bruttolohns eingezahlt. Der Auszahlungsbetrag im Pflegefall hängt von der Pflegestufe ab, die vom medizinischen Dienst der Krankenkassen (MDK) festgelegt wird. Zur Beurteilung der Pflegestufe werden folgende Lebensbereiche betrachtet: Ernährung, hauswirtschaftliche Versorgung, Körperpflege und Mobilität.
Interessant sind die unterschiedlichen Zahlungen im Pflegefall: Bei der höchsten Pflegestufe (III) werden
- Angehörigen für die häusliche Pflege rund 700 €,
- für einen ambulanten Pflegedienst ca. 1400 € und
- für stationäre Pflege ca. 2300 € gezahlt.

Von den zurzeit ca. 2,5 Mio. Pflegebedürftigen werden die meisten von Angehörigen gepflegt, obwohl diese für die häusliche Pflege weniger als ein Drittel einer Heimpflege erhalten.

4.4.7 Gesetzliche Rentenversicherung

Ca. 20 % des Bruttogehaltes eines abhängig Beschäftigten wird an die Rentenversicherung gezahlt. Die Hälfte zahlt der Arbeitgeber, die andere Hälfte der Arbeitnehmer. Die Rentenversicherung zahlt jedoch nicht nur die Rente, sondern übernimmt auch die Kosten für Rehabilitationsmaßnahmen („Reha vor Frührente").

4.4.8 Managed-Care-Programme

Hier wird das Versicherungsrisiko von den Krankenversicherungen zu den Krankenhäusern verlagert. In den USA wird im Rahmen dieses Systems von den Krankenkassen für jeden Versicherten ein monatlicher Fixbetrag

4.5 Kassenärztliche Vereinigung (KV)

an Krankenhäuser überwiesen. Dabei spielt es keine Rolle, ob die Patienten gesund oder krank sind. Die Krankenhäuser müssen dafür die Versorgung der Versicherten garantieren. Die Versicherten wiederum verzichten auf das Recht der freien Arztwahl und binden sich örtlich an die dortigen Krankenhäuser, Praxisnetze, Ärzte usw. Die Kostenträger sind in der Regel private Versicherungsgesellschaften.

4.5 Kassenärztliche Vereinigung (KV)

Die KVen haben den **Sicherstellungsauftrag** der ambulanten (Achtung: NICHT der stationären) Gesundheitsversorgung. Alle zur ambulanten Behandlung von Kassenpatienten zugelassenen Ärzte und Psychotherapeuten sind Pflichtmitglieder der Kassenärztlichen Vereinigung.

KVen sind Körperschaften des öffentlichen Rechts und in 17 Regionen untergliedert. Der Dachverband – die Kassenärztliche Bundesvereinigung – unterliegt der Aufsicht des Bundesgesundheitsministeriums. Die KVen vertreten die Rechte der Vertragsärzte gegenüber den Krankenkassen und überwachen deren Pflichten. Sie regeln die Zulassung als Vertragsarzt, um Über- oder Unterversorgungen bestimmter Regionen zu vermeiden. Daher besteht für Vertragsärzte keine Niederlassungsfreiheit. Für die Honorierung der ambulanten Leistungen an Kassenpatienten schließen die KVen mit den gesetzlichen Krankenkassen einen Kollektivvertrag, der die Gesamtvergütung regelt. Diese Gesamtvergütung ist gesetzlich der Grundlohnsumme angepasst. Veränderungen der demografischen Entwicklung, der Morbidität und des medizinischen Fortschritts bleiben unberücksichtigt.

4.6 Landesprüfungsämter und Landesärztekammern

Bis zur Erteilung der Approbation sorgen die **Landesprüfungsämter** für Heilberufe für die ordnungsgemäße Ausbildung der Medizinstudenten. Nach Erhalt der Approbation, d. h. nach bestandenem zweiten Abschnitt der Ärztlichen Prüfung, sorgen dann die Landesärztekammern für die Einhaltung der Berufsordnung, regeln die Fort- und Weiterbildung und sind für Sanktionen bei Verstößen gegen das Berufsrecht zuständig.

> **Merke!**
>
> Die Landesprüfungsämter sind für die Ausbildung, die Landesärztekammern für die Fort- und Weiterbildung zuständig.

Übrigens ...
- Unter **Evidenz-basierter Medizin** (Evidence-based Medicine) versteht man vor allem die Verbindung klinischen Erfahrungswissens mit dem aktuellen Stand wissenschaftlicher Erkenntnisse. Es sollen nur Maßnahmen angewendet werden, deren Wirksamkeit statistisch bewiesen ist.
- **Disease-Management-Programme** leiten sich aus diesen Erkenntnissen ab. Es sind leitlinienorientierte Behandlungsprogramme für chronisch kranke Patienten.
- Die **Soziotherapie** richtet sich an Patienten mit schwerer psychischer Erkrankung, die nicht in der Lage sind, ärztliche Leistungen oder Verordnungen selbstständig in Anspruch zu nehmen. Aufgabe der Soziotherapie ist die erforderliche Koordinierung der verordneten Leistungen sowie Anleitung und Motivation dazu. Die Soziotherapie wird von der GKV finanziert (s. 4.4.3, S. 15).

4 Patient und Gesundheitssystem

4.7 Qualitätssicherung im Gesundheitswesen

Qualitätsbeurteilungen lassen sich nach verschiedenen Kriterien durchführen:
Die Strukturqualität bezieht sich auf die personelle und apparative Ausstattung einer Klinik, die Prozessqualität auf die Abläufe, z. B. die Kommunikation zwischen Pflege- und Ärzteteam.
Bei der Ergebnisqualität (auch Produktqualität) können wiederum verschiedene Kriterien zugrunde gelegt werden. So kann nach einer Behandlung die gesundheitsbezogene Lebensqualität ein Kriterium sein und über eine Patientennachbefragung (sog. Katamnese) erhoben werden. Ebenso kann die Effektivität, die den Erfolg einer Maßnahme unabhängig von den Kosten oder die Effizienz, bei der ein Nutzen in Relation zu den Kosten gesetzt wird, zur Beurteilung der Ergebnisqualität einer Maßnahme herangezogen werden.

> **Merke!**
>
> Ein hoher Ausbildungsstandard der Mitarbeiter erhöht die Strukturqualität (gute Ausstattung), eine gute Kommunikation der Mitarbeiter untereinander die Prozessqualität, eine hohe Patientenzufriedenheit ist ein Kriterium für die Ergebnisqualität.

4.8 Ethik

In jüngster Zeit sind ethische Fragen im Physikum aufgetaucht. Hier ist es hilfreich, wenn du die Grundrichtungen kennst. Man unterscheidet zwei Richtungen: die deontologische und die konsequentialistische Ethik. Im Rahmen der **deontologischen Ethik** können Handlungen unabhängig von deren Folgen zur Grundlage einer Bewertung herangezogen werden. Es zählt die Absicht einer Handlung. Gesinnungsethik, Pflichtethik und Gewissensethik gehören zu diesem Ansatz.
Im Rahmen der **konsequentialistischen Ethik** werden die Konsequenzen zum Maßstab einer Handlung. Hierzu zählt der ethische Utilitarismus und die **Verantwortungsethik**. Eine Handlung kann erst dann bewertet werden, wenn die Folgen bekannt sind.
Die Verpflichtung des Arztes, den Patienten nach bestem Wissen und Gewissen zu behandeln und ihm nach Möglichkeit keinen Schaden zuzufügen, folgt dem Ansatz der Verantwortungsethik.
Therapeutisches Klonen ist nach **utilitaristischer Ethik** immer dann bedenkenlos, wenn Hoffnungen auf eine Anwendung neuer Forschungsergebnisse bestehen, welche zu verbesserten Heilungschancen von Krankheiten führen. Beide machen die Folgen einer Handlung und nicht die Handlung selbst zum Maßstab der Beurteilung.

5 Ärztliche Maßnahmen

 Fragen in den letzten 10 Examen: 44

Gesundheitspolitische und ärztliche Maßnahmen zielen darauf ab, Gesundheit zu erhalten (primäre Prävention), Kranke rechtzeitig zu kurieren (sekundäre Prävention), Kranke wieder einzugliedern (tertiäre Prävention) oder deren Lebensqualität zu verbessern (Palliation). Primär präventive Maßnahmen finden in der Schule oder zu Hause, kurative und rehabilitative in Arztpraxen oder Kliniken, palliative Maßnahmen im Hospiz statt.

Das folgende Kapitel beschäftigt sich zunächst mit der begrifflichen Einordnung dieser Maßnahmen, die immer wieder geprüft wird, sowie den Faktoren, von denen die Inanspruchname gesundheitsfördernder Maßnahmen abhängt.

5.1 Primäre Prävention

Die Zielsetzung der primären Prävention ist es, das Auftreten von Krankheit zu verhindern (Inzidenzraten zu senken). Sie setzt am gesunden Menschen an und bedient sich folgender Maßnahmen:
- Ausfindigmachen und Verstärken von Schutzfaktoren
- Gesundheitsförderung
- Krankheitsverhütung
- Vermeidung von Risikofaktoren

Beispiele primärer Prävention:
- Zähneputzen
- Fluoridanreicherung im Trinkwasser
- Schutzimpfung
- gesunde Ernährung

5.2 Sekundäre Prävention (kurativ)

Das Ziel der sekundären Prävention ist die Früherkennung von Krankheiten, um Heilung im symptomarmen Stadium zu ermöglichen oder Chronifizierung zu vermeiden. Sie setzt bei Menschen mit Krankheitsrisiko an.

Beispiel sekundärer Prävention:
- Krebsfrüherkennung (Screening),
- halbjährlicher Check beim Zahnarzt (Kariesfrüherkennung)

5.3 Tertiäre Prävention (rehabilitativ)

Die Zielsetzung der tertiären Prävention ist die Besserung des Krankheitszustandes und/oder der Lebensqualität bei chronischer Krankheit oder Behinderung. Sie setzt bei Kranken mit dauerhafter Beeinträchtigung an und soll Rezidive, d. h. Rückfälle im Heilungsprozess verhindern.

Beispiele tertiärer Prävention:
- Rehabilitationsmaßnahmen zur sozialen Eingliederung von Behinderten
- Disease-Management-Programme für Asthmatiker
- Selbsthilfegruppen für Diabetiker

Zwei sehr unterschiedliche tertiäre Präventionsmaßnahmen – die Selbsthilfegruppen und Patientenschulungen – werden hier kurz vorgestellt:
- **Selbsthilfegruppen** zeichnen sich dadurch aus, dass Betroffene sich untereinander helfen (z. B. Informationsaustausch über Hilfsangebote, Unterstützung bei praktischen Problemen). Ein Kennzeichen von Selbsthilfegruppen ist es, dass keine dauerhafte fachlich-professionelle Leitung existiert (kein Arzt oder Psychologe als Experte).

5 Ärztliche Maßnahmen

– **Patientenschulungen** werden von Experten (Ärzten oder Psychologen) geleitet. Sie sollen den Betroffenen Informationen über ihre Krankheit und günstiges oder riskantes Verhalten vermitteln. Idealerweise vermittelt man chronisch Kranken die nötigen Informationen und Fähigkeiten, selbstverantwortlich mit der Erkrankung umzugehen. In Zusammenhang mit der Erkrankung verhilft man ihnen zum Selbstmanagement.

Bestandteile einer Patientenschulung können in IMPP-Fragen sein:
1. Vortrag eines Experten (z. B. Arzt) mit dem Ziel der Wissensvermittlung zur Krankheit
2. Anschließende Gruppendiskussion
3. Ableitung von praktischen Übungen für Zuhause
4. Lernzielkontrolle als Quiz oder bei weiteren Terminen als Hausaufgabe

> **Übrigens …**
> – Man unterscheidet noch zwischen Verhaltens- und Verhältnisprävention. Die **Verhaltensprävention** zielt auf die Gewohnheiten und Lebensstile ab – Beispiel: Appell an Jugendliche, weniger Alkohol zu trinken; Aufruf zur Vernunft. Die **Verhältnisprävention** ändert die Verhältnisse, unter denen wir leben. Beispiel: Alkoholverbot für Jugendliche.
> – Wirkungsvolle Präventionen sollten immer die Lebenswelt – oder, soziologisch gesprochen, das Setting – der Betroffenen berücksichtigen.

5.4 Wovon hängt die Teilnahme an Präventionsmaßnahmen ab?

Es gibt verschiedene Faktoren, die mit der Bereitschaft, an Präventionsmaßnahmen teilzunehmen, in einem systematischen Zusammenhang stehen. Dazu gehören als wichtigster Aspekt der Aufwand oder die Hindernisse für die Teilnahme, z. B. reduzieren zusätzliche Kosten, hoher Zeitbedarf, unangenehme Untersuchungen usw. die Teilnahmebereitschaft.

Weitere systematische Unterschiede gibt es bezüglich des Geschlechts (Frauen > Männer) und der sozialen Schicht (höhere soziale Schichten > niedrigere soziale Schichten).

> **Merke!**
> Menschen sind am ehesten zur Teilnahme an Präventionsmaßnahmen bereit, wenn diese mit möglichst wenig Aufwand verbunden sind und ihr persönlicher Nutzen den Betroffenen einleuchtet

5.4.1 Health-Belief-Modell

Das Health-Belief-Modell beschreibt die Faktoren, von denen gesundheitsbewusstes Verhalten (z. B. die Inanspruchnahme ärztlicher Leistungen oder Präventionsmaßnahmen) abhängt. Der Grundgedanke des Modells ist, dass neben der Schwere der Krankheitsbelastung weitere gesundheitliche Überzeugungen (health beliefs) eine Rolle spielen.

Folgende Faktoren sind dabei relevant:
– **Subjektive Einschätzung der eigenen Krankheitsanfälligkeit:** Wenn ich mich selbst einer Risikogruppe zuordne, bin ich eher bereit, entsprechende Präventionsmaßnahmen einzuleiten, als wenn ich mich selbst als „nicht betroffen" einschätze.
– **Erkennbarkeit des Nutzens des eigenen präventiven Verhaltens:** Nur wenn ich glaube, dass z. B. mehr Bewegung gut für mein Herz-Kreislauf-System ist, werde ich mein Verhalten dementsprechend ändern.
– **Einschränkungen, Barrieren und Opfer, die durch das präventive Verhalten bedingt sind:** Soll ich aus gesundheitlichen Gründen z. B. keinen Alkohol mehr trinken, dann wird die Befolgung dieses ärztlichen Rates davon abhängen, wie wichtig mir mein Glas Rotwein am Abend ist und wie schwierig also diese Verhaltensänderung wird.

- **Bewertung der Gefährlichkeit der Erkrankung**: Halte ich z. B. die Grippe für eine gefährliche Erkrankung, an der jedes Jahr viele Menschen sterben, so bin ich eher bereit, an einer Schutzimpfung teilzunehmen, als wenn ich die Grippe als ungefährlich einschätze.
- **Erwartete Wirksamkeit medizinischer Hilfe**: Glaube ich z. B. daran, dass eine Vorsorgeuntersuchung ein mögliches Krankheitsrisiko aufdecken kann oder halte ich so eine Maßnahme für sinnlos?

In diesem Modell fehlt jedoch ein wichtiger Faktor: So hat sich später noch gezeigt, dass auch die Überzeugung, das gewünschte Verhalten auch unter widrigen Umständen durchführen zu können, zu gesundheitsbewusstem Verhalten beiträgt.

5.4.2 Modell des sozialen Vergleichsprozesses

Die Grundidee dieses Modells ist simpel: Jedes menschliche Verhalten, also auch das Gesundheits- und Krankheitsverhalten, wird an bedeutsamen Vergleichspersonen ausgerichtet (z. B. Kritik der Eltern für Fastfood-Kauf, Statusaufwertung bei Freunden für extremen Alkoholkonsum). Besonders bei Jugendlichen können solche sozialen Vergleichsprozesse **gesundheitsschädigendes Verhalten** fördern, wenn es in der Peergroup (unter Gleichaltrigen) belohnt wird.
Soziale Vergleichsprozesse können aber auch zur **Förderung günstigen Verhaltens** genutzt werden, z. B. über „Gesundheitswettbewerbe" (Welche Klasse schafft es, bis zum Ende des Jahres die höchste Nichtraucherquote zu erreichen?).

5.4.3 Internale/externale Kontrollüberzeugung (Attribution)

Die Grundannahme lautet hier: Menschen unterscheiden sich darin, wem sie die Kontrolle über Ereignisse zuschreiben.
- Menschen mit **internaler Kontrollüberzeugung** sind der Ansicht, dass sie ihr Leben/Handeln/Erreichen bestimmter Ziele selbst beeinflussen können.
- Menschen mit **externaler Kontrollüberzeugung** glauben, dass ihr Leben/Handeln/Erreichen bestimmter Ziele von außen bestimmt wird (Schicksalsgläubigkeit usw.).

Auch im Bereich von Gesundheit und Krankheit spielen diese Überzeugungen eine wichtige Rolle.

Beispiel
- Internale gesundheitliche Kontrollüberzeugung = internal health locus of control: „Meine Krankheit hat auch mit meinem eigenen Lebensstil zu tun. Wenn ich mich bemühe, ihn zu ändern und die ärztlichen Ratschläge befolge, werde ich wieder gesund."
- Externale gesundheitliche Kontrollüberzeugung = external health locus of control: „Meine Krankheit ist Schicksal – da kann ich nichts machen."

Merke!

Die Kontrollüberzeugung hat großen Einfluss auf das Verhalten eines Patienten: Während eine internale Kontrollüberzeugung dazu führt, dass der Patient aktiv an seiner Genesung mitarbeitet, kann eine externale Kontrollüberzeugung zu Passivität und Depression führen.

5.4.4 Selbstwirksamkeitserwartung/ Kompetenzerwartung

Selbstwirksamkeit (Kompetenzerwartung, Self-Efficacy, Selbstwirksamkeitserwartung = SWE) bezeichnet die Überzeugung eines Menschen, die notwendigen Fähigkeiten und Fertigkeiten zu besitzen, um ein gesetztes Ziel zu erreichen. Das Konstrukt stammt von Albert Bandura und kann z. B. erklären, warum manche Menschen erfolgreicher darin sind, gesundheitsschädliches Verhalten zu verändern als andere.

5 Ärztliche Maßnahmen

> **Beispiel**
> Peter und Paul wollen beide mit dem Rauchen aufhören. Peter weiß, dass er die notwendige Disziplin hat, um auf Zigaretten zu verzichten (hohe SWE). Paul dagegen denkt, dass er das nicht schaffen wird (niedrige SWE).

> **Merke!**
> Eine hohe Selbstwirksamkeitserwartung wirkt sich positiv auf den Krankheitsverlauf aus, da Menschen mit hoher SWE z. B. aktiver an der Behandlung mitarbeiten.

5.4.5 Repression/Sensitivierung

Dieses Konzept unterscheidet Menschen hinsichtlich ihrer Tendenz, sich Informationen, die im Zusammenhang mit ihrer Erkrankung stehen, zuzuwenden (Sensitization) oder abzuwenden (Repression). Solltest du später als Arzt auf einen „**Sensitizer**" stoßen, so kann das vor einer Operation notwendige Aufklärungsgespräch Stunden dauern, da alle möglichen Komplikationen genauestens erfragt werden. Ein „**Repressor**" hingegen wird lediglich fragen, wo er die Einwilligung zur Operation unterschreiben soll. Einen Repressor sollte man nach Möglichkeit nicht mit angstauslösenden Informationen konfrontieren, da dies dessen Compliance deutlich senken würde.

5.5 Transtheoretisches Modell der Verhaltensänderung

Dieses Modell von Prochaska und DiClemente beschäftigt sich mit den Stufen, Prozessen und Bedingungen von Verhaltensänderungen.
Eine Verhaltensänderung hängt von der **Entscheidungsbalance** zwischen Vor- und Nachteilen (Pros und Cons) sowie dem Ausmaß der **Selbstwirksamkeitserwartung** ab, d. h. in schwierigen Situationen von der Zuversicht, das erwünschte Verhalten anstelle des unerwünschten Verhaltens zu zeigen.

Das Modell der Verhaltensänderung findet häufig im Rahmen suchttherapeutischer Maßnahmen Anwendung, kann aber auch auf andere Bereiche angewendet werden. Die jeweils sinnvollen Interventionsschwerpunkte sollten sich an der Phase der Verhaltensänderung wie folgt orientieren:

Stufe 1 – Absichtslosigkeit (precontemplation)

- kein eigenes Problembewusstsein vorhanden
- keine Veränderungsintention in den nächsten sechs Monaten vorhanden
- Informationen bzgl. Risikoverhaltens werden ausgeblendet
- Widerstand gegen Erkennen oder Veränderung des Risikoverhaltens

Interventionsschwerpunkt:

- Informationen und wertschätzende Rückmeldung geben
- Zweifel aufkommen lassen
- Problembewusstsein schaffen

Stufe 2 – Absichtsbildung (contemplation)

- Veränderung wird gleichzeitig erwogen und verworfen
- Besorgnis und Sorglosigkeit wechseln sich ab
- es wird erwogen, das Problematische in den nächsten sechs Monaten zu ändern

Interventionsschwerpunkt:

- wertschätzenden Anstoß zur Veränderung geben
- Pro und Contra abwägen
- Selbstvertrauen zur Veränderungsfähigkeit stärken

5.5 Transtheoretisches Modell der Verhaltensänderung

Stufe 3 – Vorbereitung (preparation)

- Zielverhalten wird angestrebt
- ernsthaftes Nachdenken über eine Veränderung
- hohe Motivation, unmittelbar mit der Veränderung zu beginnen
- klare Entscheidung für Verhaltensänderung ist getroffen
- erste Schritte zur Veränderung sind unternommen

Interventionsschwerpunkt:

- nach realistischer Veränderungsstrategie suchen
- konkrete Handlungspläne entwickeln
- Informationen weitergeben und Unterstützung anbieten

Stufe 4 – Handlung (action)

- Zielverhalten wird gezeigt
- aktive Versuche, Problemverhalten zu verändern oder abzubauen
- Veränderungen werden herbeigeführt
- beobachtbares Verhalten steht mehr im Vordergrund als kognitive Prozesse
- Die Handlung ist die aktivste Phase im Prozess; es besteht eine hohe Rückfallgefahr.

Interventionsschwerpunkt:

- konkrete Veränderung begleiten
- Schritte unterstützen und zur Veränderung ermutigen

Stufe 5 – Aufrechterhaltung (maintenance)

- Zielverhalten wird seit weniger als sechs Monaten beibehalten
- aktive Phase, das Zielverhalten wird konsolidiert

Interventionsschwerpunkt:

- erzielte Veränderung verfestigen
- Abbruch vorbeugen
- bei Abbruch: Hilfe zur Wiederaufnahme bieten

Stufe 6 Stabilisierung (termination)

- Aufrechterhaltung seit mehr als fünf Jahren
- keine Rückfallgefahr mehr vorhanden
- neue Ziele und Perspektiven wurden entwickelt

Interventionsschwerpunkt:

- Stabilisierung unterstützen
- Ansprechpartner bei Problemen sein

In den frühen Stadien der Verhaltensänderung (Absichtslosigkeit, Absichtsbildung) vollziehen sich vorwiegend kognitiv-emotionale Prozesse (Steigerung des Problembewusstseins, emotionales Erleben, Neubewertung der Umwelt, Selbstneubewertung, Wahrnehmung förderlicher Umweltbedingungen). In der Phase der Vorbereitung hängt die Verhaltensänderung wesentlich von der Selbstwirksamkeitserwartung ab.
In den späteren Stadien stehen verhaltensorientierte Prozesse (Gegenkonditionierung, Stimuluskontrolle, Nutzen hilfreicher Beziehungen, Selbstverstärkung, Selbstverpflichtung, z. B. Trainingspläne) im Vordergrund. Eine Verhaltensänderung wird wahrscheinlicher, wenn Stufe 2 bis 4 schnell durchlaufen werden.

DAS BRINGT PUNKTE

Aus diesem Kapitel solltest du dir die drei Arten der **Prävention** gut einprägen:
- **primär** = Gesunde gesund erhalten
- **sekundär** = Kranke kurieren
- **tertiär** = Kranke wieder eingliedern (rehabilitieren)

Zum besseren Verständnis kannst du dir die **Prävention am Beispiel HIV** merken.
- primär: Nutzung von Kondomen, um Ansteckung zu vermeiden
- sekundär: HIV-Test, um Krankheit möglichst früh behandeln zu können
- tertiär: Sozialberatung von HIV-Kranken zur Wiedereingliederung ins Berufsleben

Außerdem sollten dir die angemessenen Interventionen zur Unterstützung einer **Verhaltensänderung** bekannt sein:

- im Stadium der **Sorglosigkeit**: Problembewusstsein schaffen
- im Stadium der **Absichtsbildung**: Pro und Contra abwägen
- im Stadium der **Vorbereitung**: Selbstwirksamkeitserwartung stärken, konkrete Handlungspläne erstellen

Gerne gefragt wird auch das **Health-Belief-Modell**. Wenn du dir dazu folgende Aspekte verdeutlichst, lassen sich die Fragen leichter lösen:
- Fragen zum Health-Belief-Modell erkennt man daran, dass hier subjektive Einschätzungen, Bewertungen, Überzeugungen und Wahrnehmungen eine Rolle spielen (z. B. der Glaube an den Nutzen einer bestimmten Handlung).

Mehr Cartoons unter www.medi-learn.de/cartoons

Pause

Päuschen gefällig?
Das hast du dir verdient!

Ein besonderer Berufsstand braucht besondere Finanzberatung.

Als einzige heilberufespezifische Finanz- und Wirtschaftsberatung in Deutschland bieten wir Ihnen seit Jahrzehnten Lösungen und Services auf höchstem Niveau. Immer ausgerichtet an Ihrem ganz besonderen Bedarf – damit Sie den Rücken frei haben für Ihre anspruchsvolle Arbeit.

- Services und Produktlösungen vom Studium bis zur Niederlassung
- Berufliche und private Finanzplanung
- Beratung zu und Vermittlung von Altersvorsorge, Versicherungen, Finanzierungen, Kapitalanlagen
- Niederlassungsplanung & Praxisvermittlung
- Betriebswirtschaftliche Beratung

Lassen Sie sich beraten!

Nähere Informationen und unseren Repräsentanten vor Ort finden Sie im Internet unter www.aerzte-finanz.de

Standesgemäße Finanz- und Wirtschaftsberatung

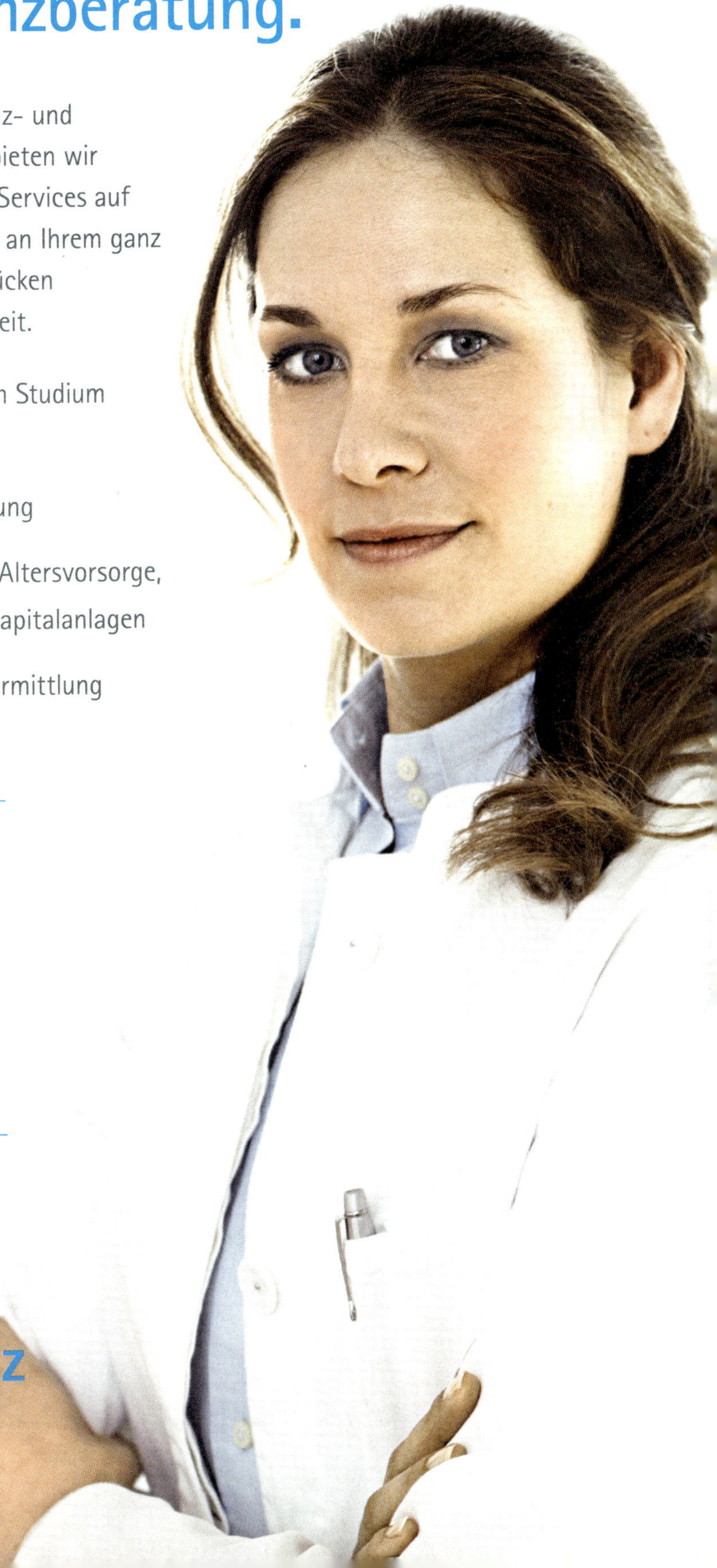

6 Soziodemografische Determinanten des Lebenslaufs: Die Bevölkerungsentwicklung

Fragen in den letzten 10 Examen: 23

Die **Demografie** (Bevölkerungsbeschreibung) beschreibt die Bevölkerung eines Staates oder einer Region nach bestimmten Kenngrößen. Im Mittelpunkt dieses Kapitels steht die Beschreibung der Bevölkerung bezüglich ihrer Alterstruktur. Die **Alterstruktur** hat weitreichende Konsequenzen für die staatlichen Versorgungssysteme und das Gesundheitswesen. Zudem kann man aus ihr Prognosen für die zukünftige Entwicklung ableiten. Anschließend wird noch kurz auf die **Erwerbsstruktur** eingegangen.

6.1 Altersstruktur

Die Altersstruktur einer Bevölkerung wird mit Hilfe der **Alterspyramide** grafisch dargestellt (s. Abb. 3, S. 26). Aus ihr lassen sich folgende Informationen entnehmen:
– Anzahl der Männer und Frauen jeden Alters,
– Männer- oder Frauenüberschüsse in bestimmten Altersgruppen und
– Entwicklungstendenz der Gesamtbevölkerung anhand der Form.

Anhand des aktuellen Altersaufbaus kann man Prognosen erstellen, wie die Altersstruktur in 50 Jahren aussehen wird.

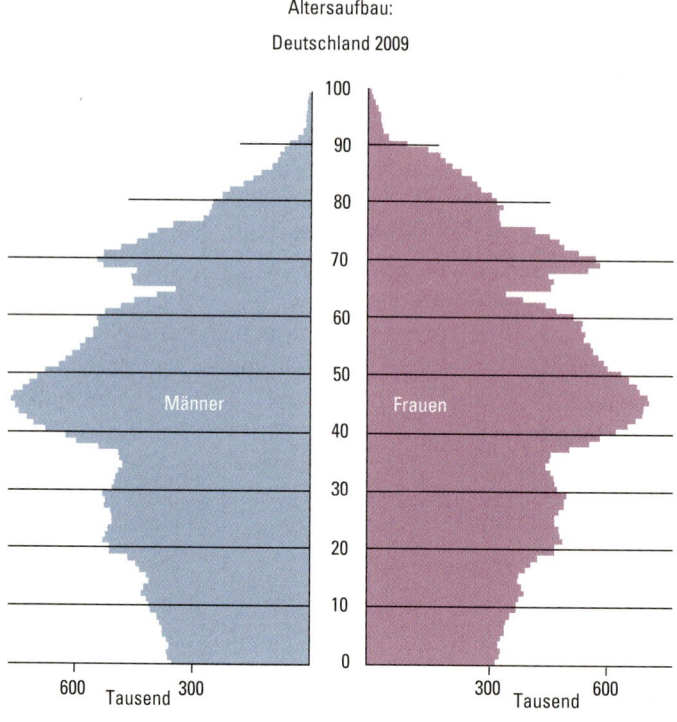

Abb. 3: Alterspyramide 2009

6.2 Demografisches Altern

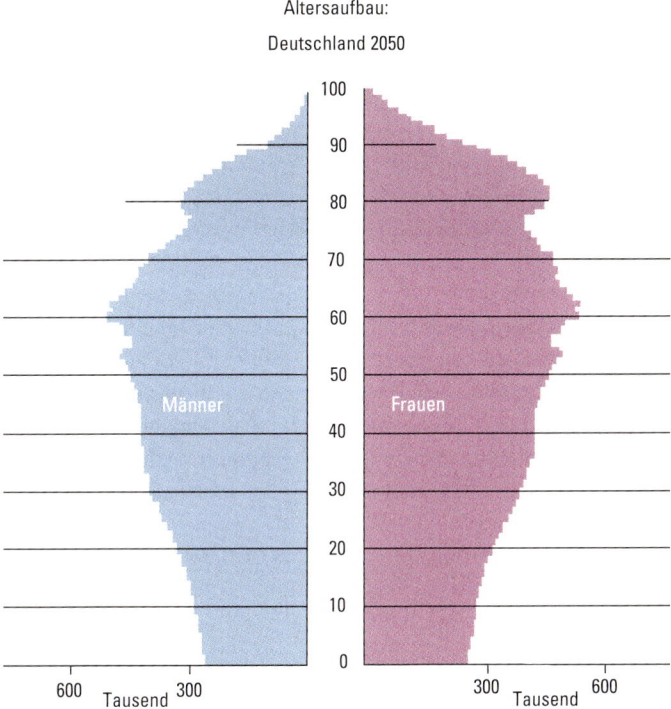

Abb. 4: Alterspyramide in 50 Jahren

Vergleicht man den aktuellen Altersaufbau mit dem 50 Jahre später, werden zwei Entwicklungstrends deutlich:
- Die durchschnittliche Lebenserwartung steigt, d. h. im Schnitt werden die Menschen immer älter.
- Der Anteil alter Menschen an der Gesamtbevölkerung nimmt weiter zu.

6.2 Demografisches Altern

Unter demografischem Altern versteht man das eben beschriebene Phänomen: die **Zunahme alter Menschen an der Gesamtbevölkerung** in den Industrienationen. Dies hat zwei Ursachen: Zum einen sinkt die Geburtenzahl, d. h. die Fertilität der Bevölkerung nimmt ab, u. a. durch den Rückgang der Heiratshäufigkeit (Nuptialität). Zum anderen nimmt die Lebenserwartung zu. In den Industrienationen steigt sie jährlich um etwa drei Monate. Demografisches Altern wird auf Basis des Altenbelastungsquotienten (Anteil der über 60-Jährigen im Verhältnis zum Anteil der 20- bis 60-Jährigen) in der Bevölkerung bestimmt.

Kommt es hierbei zu einem starken Anstieg einer Alterskohorte mit einem starken Abfall erst in hohem Alter, so spricht man von **Rektangularisierung** („Verrechteckigung" der Bevölkerungspyramide). Die Verteilungsmuster chronischer Krankheiten in einer Gesellschaft werden in starkem Maße durch deren wirtschaftliche Entwicklung und den dadurch bestimmten Lebensstil beeinflusst.

Das demografische Altern hat Folgen, zu denen u. a. gehören:
- eine Zunahme multimorbider Patienten, da alte Menschen häufig unter mehreren Krankheiten leiden,
- weniger kurative (heilende) Tätigkeit und dafür mehr rehabilitative Maßnahmen mit

6 Soziodemografische Determinanten des Lebenslaufs: Die Bevölkerungsentwicklung

dem Ziel, die Lebensqualität der Patienten zu verbessern,
- ein höherer Pflegebedarf und
- ein Anstieg der Kosten im Gesundheitssystem.

6.3 Formen der Alters-/Bevölkerungspyramide

Generell kann man aus der Form des Altersaufbaus etwas über die weitere Entwicklung einer Gesellschaft aussagen: Eine breite Basis (hohe Geburtenrate) spricht für eine wachsende Bevölkerung. Ist die Basis dagegen schmäler als in älteren Jahrgängen, schrumpft die Bevölkerung. Prototypisch lassen sich folgende Formen unterscheiden:
- **Pyramide** (gleichschenkliges Dreieck): rasch wachsende Bevölkerung, typisch für Entwicklungsländer
- **Glocke**: stagnierendes Wachstum, typisch für Schwellenländer
- **Urne**: stabile/stationäre Bevölkerung, aktuell in westlichen Industrienationen
- **Pilz**: negatives Wachstum (mehr alte als junge Menschen, s. Abb. 4, S. 27)

6.4 Lebenserwartung

> **Merke!**
>
> Die durchschnittliche Lebenswartung bezeichnet die Anzahl an Jahren, die ein Mensch eines bestimmten Alters unter den bestehenden Sterbeverhältnissen durchschnittlich noch zu erwarten hat.

Grundlage für die Berechnung der Lebenserwartung ist die **Sterbetafel**, die die aktuellen Sterbestatistiken einer Bevölkerung abbildet. Neben der durchschnittlichen Lebenserwartung gibt es auch die durchschnittliche Gesundheitserwartung, welche die Zahl der in Gesundheit zu erwartenden Jahre beschreibt. Von der **Kompression der Morbidität** spricht man, wenn die behinderungsfreie Lebenszeit steigt. Ziel gesundheitspolitischer Maßnahmen sollte es sein, die Lebensqualität zu steigern. Ein verbreitetes Instrument zur Erfassung der gesundheitsbezogenen **Lebensqualität** ist der SF-36 (Short-Form-36-Questionnaire, Ware et al. 1993). 36 Items zum körperlichen und seelischen Befinden lassen sich sieben Skalen zuordnen:
- körperliche Funktionsfähigkeit
- psychisches Wohlbefinden
- emotionale Rollenfunktion
- soziale Funktionsfähigkeit
- allgemeine Gesundheit
- körperliche Schmerzen
- körperliche Rollenfunktion

Die Fragen können drei- bis fünfstufig beantwortet werden.

> **Übrigens ...**
>
> Die Lebenserwartung ist bei Frauen ca. 6 Jahre höher als bei Männern. Außer vom Geschlecht hängt sie auch von der Bildung ab: je höher die Bildung, desto höher die Lebenserwartung.

6.5 Theorien zur Entwicklung der Bevölkerung

Der Versuch, die Entwicklung der Bevölkerung vorherzusagen, ist nicht neu. Bereits vor 200 Jahren versuchte Malthus, aus der bestehenden Datenlage eine Prognose zum Bevölkerungswachstum abzuleiten. Die **Theorie des demografischen Übergangs** stammt dagegen aus der Mitte des 20. Jahrhunderts und versucht, aus der zurückliegenden Entwicklung der westlichen Industrienationen eine allgemeingültige Theorie zur Entwicklung von Bevölkerungen abzuleiten.

6.5.1 Malthus' Gesetz (1766 – 1834)

Die Grundidee von Malthus´ Gesetz lautet: Ein gleichbleibender, biologisch bestimmter Geschlechtstrieb bildet die Basis für eine stete Vermehrung der Bevölkerung. Durch schnelles Wachstum stößt die Bevölkerung bald an die obere Grenze des Nahrungsspielraums, da

6.5.2 Theorie des demografischen Übergangs/der demografischen Transformation

dieser sich nicht im gleichen Tempo vermehren lässt.

> **Merke!**
>
> Nach Malthus' Gesetz wächst die Bevölkerung exponentiell (1, 2, 4, 8, 16, …), das Nahrungsangebot dagegen nur arithmetisch (1, 2, 3, …).

6.5.2 Theorie des demografischen Übergangs/der demografischen Transformation

Die Theorie des demografischen Übergangs beschreibt die Veränderung der generativen Struktur (Altersstruktur) während der Industrialisierung eines Landes. Beim Übergang von der Agrar- zur modernen Industriegesellschaft werden dabei fünf Phasen durchlaufen.

1. prätransformative Phase

- hohe Geburtenziffer (hohe Fruchtbarkeit),
- hohe Sterbeziffer (hohe Säuglings- und Kindersterblichkeit),
- hoher Bevölkerungsumsatz

Folge: niedriges Bevölkerungswachstum

2. frühtransformative Phase

- sinkende Sterbeziffer (verminderte Säuglingssterblichkeit)
- hohe Geburtenziffer durch
  - wirtschaftlichen Zwang zur Mitarbeit von Kindern
  - soziale Sicherungsaufgabe der Familie
  - hohe Heiratshäufigkeit

Folge: steigende Gesamtbevölkerung

3. Umschwungphase/Transformationsphase

- sinkende Geburtenziffer
- sinkende Sterbeziffer

Folge: Bevölkerungswachstum überschreitet den Höhepunkt, Geschwindigkeit des Wachstums nimmt ab (Deutschland um 1900)

4. spättransformative Phase

- Geburtenziffer sinkt weiter
- Sterbeziffer konstant niedrig

Folge: Bevölkerungswachstum nimmt ab

5. posttransformative Phase

- Geburtenziffer konstant niedrig
- Sterbeziffer konstant niedrig

Folge: geringes bis Nullwachstum der Bevölkerung (BRD 1980) – die aktuelle Geburtenziffer in Deutschland beträgt 1,3–1,4 Kinder pro Frau

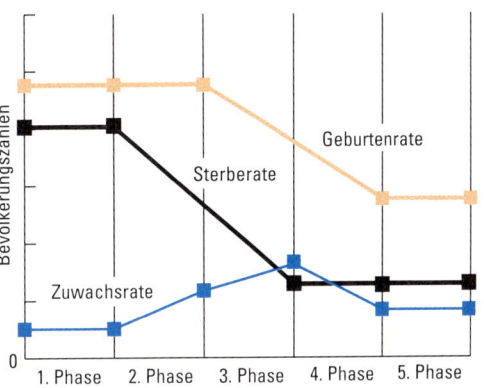

Abb. 5: Phasen des demografischen Übergangs

medi-learn.de/6-psycho3-5

Im Rahmen dieser gesellschaftlichen Entwicklung ändern sich auch die Gesundheitsverhältnisse ganzer Bevölkerungen. Diese rasche Veränderung der Verteilungsmuster von Erkrankungen bezeichnet man als **epidemiologische Transition**. Hierzu gehört seit dem 20. Jahrhundert eine Verschiebung des Krankheitspanoramas in den reichen Ländern: weniger akute Infektkrankheiten, mehr chronische, degenerative Krankheiten (z. B. Herz-Kreislauferkrankungen oder Krebs).

6 Soziodemografische Determinanten des Lebenslaufs: Die Bevölkerungsentwicklung

> **Übrigens ...**
> Der Rückgang der Sterblichkeit durch Infektionserkrankungen im Laufe der Industrialisierung ist im Wesentlichen auf Verbesserung der Ernährung, der öffentlichen Hygiene und der Schulbildung zurückzuführen; am wenigsten jedoch auf die Verbesserung der Pharmakotherapie!

6.6 Bevölkerungsbewegung

Als Bevölkerungsbewegung werden Veränderungen in der Zusammensetzung der Altersstruktur (generative Struktur) bezeichnet. Diese können auf zwei verschiedenen Wegen zu Stande kommen:
Als zentrale Faktoren für die Bevölkerungsentwicklung wirken Natalität (Geburtenziffer), Mortalität (Sterbeziffern) sowie Migration (Zu- und Abwanderungen).
Im Zuge der Industrialisierung hat die Veränderung der Geburten- und Sterbeziffern zu einem Rückgang des Bevölkerungswachstums geführt. Aber auch Ein- und Auswanderungen tragen zu einer Veränderung der Altersstruktur bei. Veränderungen durch Natalität und Mortalität werden als natürliche, Migration als künstliche Bevölkerungsbewegung bezeichnet.

Akkulturation

Akkulturation beschreibt das Verhalten von Migranten in fremden Kulturen. Es lassen sich vier Strategien in Abhängigkeit von der Übernahme der neuen Kultur und der Beibehaltung der alten Kultur beschreiben (s. Tab. 1, S. 30).

	eigene Kultur beibehalten	eigene Kultur aufgeben
neue Kultur annehmen	Integration	Assimilation
neue Kultur ablehnen	Segregation = Separation	Marginalisation = Exklusion

Tab. 1: Stadien der Akkulturation

6.7 Fourastié-Hypothesen zur Entwicklung der Erwerbsstruktur

Auch die Erwerbsstrukturen unterliegen gesellschaftlichen Veränderungen. Heutzutage arbeiten z. B. immer mehr Menschen im Informationstechnologiebereich, während Arbeitsplätze in der Landwirtschaft immer weniger werden. Um die Veränderung der Erwerbsstruktur systematisch darzustellen, lassen sich drei Erwerbssektoren unterscheiden:
– **Primärer Sektor** = Land- und Forstwirtschaft (Nahrungssicherung)
– **Sekundärer Sektor** = industrielle und gewerbliche Produktion
– **Tertiärer Sektor** = Verwaltung, Dienstleistung

Der französische Soziologe Jean Fourastié hat 1949 zur Entwicklung der Sektoren folgende Hypothesen aufgestellt:

> **Merke!**
> Je mehr ein Sektor technisiert werden kann, desto geringer wird der Personalbedarf in diesem Bereich. Demzufolge nimmt der Beschäftigtenanteil im primären und sekundären Sektor ab. Der tertiäre Sektor kann kaum technisiert werden, weshalb hier der relative Beschäftigungsanteil zunimmt.

Diese Hypothesen zur **Tertiarisierung** der Erwerbsstruktur konnten in den Industrieländern bestätigt werden: Dort steigt die Anzahl der im Dienstleistungsbereich Beschäftigten weiter an.

6.8 Veränderungen im Zuge der Modernisierung

Mit der Industrialisierung setzte in den westeuropäischen Staaten ein Modernisierungsprozess ein, der weitere Veränderungen im gesellschaftlichen Zusammenleben mit sich brachte.

Merkmale der Modernisierung sind u. a.
- die Zunahme der Arbeitsteilung und Spezialisierung,
- die Zunahme der Individualisierung gesellschaftlicher Prozesse und
- die Geltungskraft des zweckrationalen Handelns (Max Weber).

6.8.1 Zweckrationales Handeln

Zweckrationales Handeln, das der Sozialwissenschaftler **Max Weber** beschrieben hat, bedeutet, dass Entscheidungen – orientiert an der maximalen Wirkung – sachlich und berechenbar getroffen werden und emotionale Aspekte dabei außen vor bleiben.
Weber sah diese Art des verstandesgestützten Handelns als eine notwendige Entwicklung einer industrialisierten Gesellschaft, die sie deutlich vom – an Traditionen orientierten – Vorgehen der Agrargesellschaft unterschied.

6.8.2 Weitere Veränderungen im Zuge der Modernisierung

Es gibt weitere gesellschaftliche Entwicklungen, die besonders bezüglich ihrer Konsequenzen für die sozialen Sicherungssysteme (Rentenversorgung, Gesundheitssystem) viel diskutiert werden.
Dazu gehören der **Geburtenrückgang**: Aktuell liegt die Geburtenziffer/die durchschnittliche Kinderzahl pro Frau in Deutschland bei 1,4; eine Geburtenziffer von 2,1 wäre notwendig, um eine vollständige Reproduktion der Bevölkerung zu gewährleisten. Während sich die Geburtenziffer auf alle geborenen Kinder (Jungs und Mädchen) pro Frau bezieht, besagt die **Nettoreproduktionsziffer**, wieviel Mädchen im Schnitt von jeder Frau geboren werden. Die Nettoreproduktionsziffer ist ein direktes Maß für die Frauenregeneration. Sie beträgt in Deutschland aktuell 0,66.

Veränderungen des Familienzyklus:
- längere Frühphase (Präreproduktionsphase vor Geburt des ersten Kindes) durch längere Ausbildungszeiten,
- kürzere Reproduktionsphase (von Geburt des ersten bis Geburt des letzten Kindes) und
- längere Spätphase (Postreproduktionsphase nach Geburt des letzten Kindes bis zum Lebensende) durch höhere Lebenserwartung.

Weitere Faktoren sind:
- der Anstieg kinderloser Paare (verheiratet und nicht verheiratet)
- der Anstieg von Einpersonenhaushalten
- die Bildungsexpansion bei Frauen
- das demografische Altern
- die Zunahme horizontaler Mobilität (mehr Umzüge aufgrund der Flexibilitätsanforderungen des Arbeitsmarkts)

6.8.3 Kontraktionsgesetz

Aufgrund der eben skizzierten gesellschaftlichen Veränderungen wurde Ende des 20. Jahrhunderts das Kontraktionsgesetz formuliert. Seine Aussage lautet: Der gesellschaftliche Entwicklungsprozess führt zu immer kleineren Familieneinheiten und die Solidarität zwischen den Menschen bezieht sich auf immer kleinere Kreise. Statt der agrarischen Dorfgemeinschaft ist die zentrale Einheit, in der man sich gegenseitig hilft, heute die Kleinfamilie.

6.8.4 Karl Marx

Keine Angst, es folgt keine Zusammenfassung der drei Bände seines Hauptwerkes „Das Kapital". Es soll lediglich erwähnt werden, dass Marx (1818–1883) die kapitalistische Gesellschaft seiner Zeit in zwei Klassen einteilt: die Bourgeoisie und das Proletariat.
Die Bourgeoisie verfügt über Produktionsmittel oder Kapital, daher ist es auch die Klasse der Kapitalisten. Das Proletariat verfügt über keine Produktionsmittel, sondern lediglich über die eigene Arbeitskraft und bildet die Arbeiterklasse. Als Grundlage dieser Klassenbildung gilt die Verfügung über Produktionsmittel.

7 Epidemiologie

Fragen in den letzten 10 Examen: 8

In diesem Kapitel werden einige Begriffe der Epidemiologie – der Wissenschaft von der Entstehung, Verbreitung und Bekämpfung von Krankheiten – definiert. Die dargestellten Kennzahlen sagen etwas darüber aus, wie viele Menschen betroffen sind (Prävalenz), wie schnell sich eine Krankheit ausbreitet (Inzidenz) und wie lebensgefährlich eine Krankheit ist (Letalität).

7.1 Prävalenz

Die Prävalenz ist die **Häufigkeit** einer Erkrankung, d. h. die Zahl der Erkrankten bezogen auf eine Grundgesamtheit. Prävalenz bezieht sich immer auf einen Beobachtungsort (z. B. Gebiet der Bundesrepublik Deutschland) und einen Zeitpunkt (= Punktprävalenz an einem bestimmten Stichtag) oder Zeitraum (z. B. Zwei-Jahres-Prävalenz).

Soll eine Angabe über die Verbreitung einer Krankheit gemacht werden (z. B. Zahl der HIV-Infizierten 2014 in Deutschland), wird die Prävalenz angegeben.

7.2 Inzidenz

Die Inzidenz ist ein Maß für die Anzahl der **Neuerkrankungen** bezogen auf eine Grundgesamtheit in einem bestimmten Beobachtungszeitraum.

Soll eine Angabe über die Ausbreitungsgeschwindigkeit oder den Erfolg/Misserfolg von Präventionsmaßnahmen gemacht werden, geben Inzidenzraten Auskunft (z. B. die Inzidenzrate der neu mit HIV Infizierten im Jahr 2014 in Deutschland).

> **Merke!**
>
> Die Punktprävalenz lässt sich durch eine Messung zu einem Zeitpunkt erfassen: Es reicht also eine Querschnittstudie. Für die Berechnung der Inzidenz sind mindestes zwei Erhebungen zu unterschiedlichen Zeitpunkten notwendig: Hier ist also eine Längsschnittstudie erforderlich.

7.3 Letalität

Die Letalität beschreibt die „Tödlichkeit" einer Krankheit. Sie wird berechnet als Anteil derer, die an einer bestimmten Krankheit gestorben sind, bezogen auf diejenigen, die an dieser Krankheit leiden. Letalität erlaubt somit KEINE Aussage über die Sterblichkeit der Gesamtbevölkerung.

Möchte man hingegen eine Aussage über die **Lebensgefährlichkeit** einer Erkrankung machen, gibt man die Letalität an (z. B. Verhältnis der HIV-Todesfälle zur Anzahl der HIV-Erkrankten).

7.4 Mortalität / Morbidität

Diese Parameter beziehen sich immer auf die Gesamtbevölkerung.

Die Mortalität (lat. mortuus: „der Tote") beschreibt den Anteil Verstorbener bezogen auf die Gesamtbevölkerung, Morbidität (lat. morbus: „die Krankheit") den Anteil Erkrankter bezogen auf die Gesamtbevölkerung.

> **Merke!**
>
> Letalität bezieht sich auf die an einer Erkrankung Verstorbenen bezogen auf alle Erkrankten, Mortalität bezieht sich auf die an einer Erkrankung Verstorbenen bezogen auf die Gesamtbevölkerung.

8 Soziostrukturelle Determinanten des Lebenslaufs: Die sozialen Schichten

Fragen in den letzten 10 Examen: 12

Man kann die Bevölkerung nicht nur nach dem Alter (s. Kapitel 6, S. 26), sondern auch nach ihrer Schichtzugehörigkeit in Gruppen einteilen. Die Angehörigen derselben sozialen Schicht zeichnen sich durch interindividuelle Gemeinsamkeiten im Hinblick auf Lebensstandard, Chancen und Risiken, soziales Ansehen, Privilegien oder Diskriminierungen aus. In einer sozialen Schicht sind also Personen mit ungefähr gleichem **Sozialstatus** zusammengefasst.

Schichtmodelle bilden somit soziale Ungleichheiten (unterschiedliche Chancen von unteren, mittleren und oberen Schichten) ab. Konkret bedeutet das, dass z. B. ein Angehöriger der Unterschicht aufgrund seines niedrigeren Bildungsabschlusses gegenüber einem Angehörigen der Mittelschicht mit Abitur sozial benachteiligt ist, wenn es um die Bewerbung für denselben Arbeitsplatz geht oder um das Einkommen, das für Urlaubsreisen oder ein neues Auto zur Verfügung steht.

Diese Ungleichverteilung von finanziellen Möglichkeiten heißt auch soziale Ungleichheit oder relative soziale Benachteiligung. Eine statistische Maßzahl für Ungleichverteilungen ist der **Gini-Koeffizient**.

> **Merke!**
>
> Schichtmodelle können die Bevölkerung in beliebig viele soziale Schichten einteilen. Wo genau die Grenzen zwischen den Schichten liegen (z. B. ab welchem Einkommen man jemanden zur Oberschicht zählt), ist eine relativ willkürliche Festlegung.

Allerdings bringt eine solche Darstellung diverse Probleme mit sich:
- Schichtmodelle sind eine Momentaufnahme, die die soziale Mobilität (Veränderungen im Schichtgefüge) nicht erfassen können.
- Die Aussagekraft ist eingeschränkt, weil bestimmte Personengruppen (z. B. Rentner, Hausfrauen und in Ausbildung befindliche Personen) nicht zugeordnet werden können und weil der Anteil statusinkonsistenter Personen (s. 8.2, S. 33) zunimmt.

8.1 Der Schichtindex/ sozioökonomischer Status

Die Zuordnung eines Einzelnen zu einer sozialen Schicht erfolgt anhand dreier sozialer Statusmerkmale (meritokratische Triade). Aus diesen wird der Schichtindex berechnet.

> **Merke!**
>
> Der soziale Schichtindex ergibt sich aus der gewichteten Summe der drei Statusmerkmale
> - Bildungsabschluss,
> - berufliche Stellung und
> - Einkommen.
>
> Dabei hat Einkommen das höchste Gewicht.

8.2 Statuskonsistenz und -inkonsistenz

Aufgrund jedes einzelnen Statusmerkmals kann man bereits eine Schichtzuordnung treffen. Allerdings muss diese Zuordnung nicht bei allen drei Merkmalen dieselbe sein.
- **Statuskonsistenz/Statuskristallisation** liegt vor, wenn alle drei Statusmerkmale (Einkommen, Bildung und Beruf) bezüglich ihrer Schichtzuordnung übereinstimmen (z. B. Hochschulabschluss, selbstständiger Zahnarzt, hohes Einkommen).

8 Soziostrukturelle Determinanten des Lebenslaufs: Die sozialen Schichten

- **Statusinkonsistenz** liegt vor, wenn keine einheitliche Zuordnung anhand der Statusmerkmale möglich ist (z. B. promovierter Philosoph, der bei einem Taxiunternehmen angestellt ist und gering verdient).

> **Übrigens ...**
> Der Anteil statusinkonsistenter Personen wird in Deutschland auf mindestens 25 % der Gesamtbevölkerung geschätzt und vergrößert sich weiter.

8.3 Erworbener und zugeschriebener Status

Statusmerkmale, die in unserer modernen Gesellschaft über Chancen und Risiken entscheiden, sind meistens solche Merkmale, die man sich selbst während seines Lebens erworben oder erarbeitet hat. Daneben gibt es auch Statuskriterien, die man bereits mit der Geburt unveränderlich zugeschrieben bekommt. Diese spielen besonders in traditionalen Gesellschaften eine wichtige Rolle (z. B. Vererbung von Adelstiteln).

> **Merke!**
>
> - Als **erworbenen Status** bezeichnet man durch die Person selbst erarbeitete Merkmale, die veränderlich sind (z. B. Bildungsabschluss, Beruf und Einkommen).
> - Als **zugeschriebenen Status** bezeichnet man „ererbte" unveränderliche Merkmale (z. B. soziale Herkunft, Geschlecht und ethnische Zugehörigkeit).

8.4 Vertikale und horizontale Mobilität

Wenn Menschen ihren (erworbenen) Status verändern (z. B. beruflich auf- oder absteigen, einen weiteren Bildungsabschluss erwerben usw.) und sich somit im Schichtgefüge aufwärts oder abwärts bewegen, wird diese Veränderung als soziale Mobilität bezeichnet.

Dabei lassen sich zwei Formen unterscheiden:
- **vertikale Aufwärtsmobilität** = Verbesserung des sozialen Status (z. B. durch eine Einkommenserhöhung)
- **vertikale Abwärtsmobilität** = Verschlechterung des sozialen Status (z. B. durch Arbeitslosigkeit)

Zieht jemand innerhalb einer Gesellschaft um und wechselt die soziale Schicht dabei nicht, spricht man von **horizontaler Mobilität** (Wanderung des Einzelnen innerhalb eines Landes, Arbeitsplatzwechsel ohne Wechsel der Schicht).

8.5 Intra- und Intergenerationsmobilität

Die Veränderungen bezüglich des sozialen Status oder Wohnorts kann man einerseits auf den einzelnen Menschen bezogen betrachten (z. B. Peter war Krankenpfleger, jetzt ist er Arzt) oder mit der vorherigen Elterngeneration vergleichen (z. B. Pauls Vater war Krankenpfleger, Paul ist Arzt).

> **Merke!**
>
> - Als **Intra**generationsmobilität bezeichnet man eine Veränderung desselben Individuums (innerhalb einer Generation).
> - Als **Inter**generationsmobilität bezeichnet man die Veränderung der Kinder- gegenüber der Elterngeneration (zwischen den Generationen).

8.6 Schichtunterschiede im Erziehungsverhalten

> **Übrigens ...**
> Beide Dimensionen der Veränderung lassen sich miteinander kombinieren:

		Dimension der Veränderung	
		vertikal	horizontal
Generationsperspektive	intragenerational	Max war Kellner und wird Professor. Max war Professor und wird Kellner.	Max zieht von München nach Hamburg.
	intergenerational	Max' Vater war Kellner, Max ist Professor. Max' Vater war Professor, Max ist Kellner.	Max' Vater wohnt in München. Max zieht nach Hamburg.

Tab. 2: Vier-Felder-Schema der sozialen Mobilität

8.6 Schichtunterschiede im Erziehungsverhalten

Angehörige unterschiedlicher sozialer Schichten unterscheiden sich in diversen Verhaltensweisen. Unter anderem hat man in Untersuchungen graduelle Unterschiede im Erziehungsverhalten gefunden. Diese sind in Tab. 3, S. 35 aufgelistet.

8.6.1 Berufstätigkeit und Erziehung

Verschiedene Charakteristika der Berufstätigkeit wirken sich auf die Art der elterlichen Erziehung aus (z. B. Arbeitsbelastung, Konflikte am Arbeitsplatz).

> **Übrigens ...**
> Der positive Einfluss ist in höheren sozialen Schichten häufiger, da hier die Berufstätigkeit meist mit einem höheren Grad an Autonomie (Selbstständigkeit, Entscheidungsspielraum) am Arbeitsplatz einhergeht als in niedrigen Schichten.

Bereich	Unterschicht	Mittel-/Oberschicht
Erziehungsziel (Was wollen die Eltern dem Kind primär beibringen?)	eher Gehorsam, Disziplin	eher altersangemessene autonome Entscheidungen, Selbstständigkeit, Eigenverantwortung und Toleranz
Wofür werden Kinder bestraft?	eher Handlungsresultate (z. B. eine unabsichtlich zerbrochene Tasse) werden sanktioniert	eher Handlungsabsichten (z. B. der Wunsch, eine Tasse kaputtzumachen, um jemanden zu ärgern) werden sanktioniert
Wie wird bestraft?	eher mit körperlichen Sanktionen	eher mit Liebesentzug (Aufmerksamkeitsentzug)
Wie wird Kontrolle begründet?	eher über positionale Kontrollstrategien, d. h. weil der Vater etwas sagt, wird es gemacht (Verweisung auf Normgeltung ohne Erklärungen)	eher über personale Kontrollstrategien, d. h. weil jemand kompetent ist, etwas zu entscheiden, wird es gemacht (Bedeutung und Konsequenzen der Regelverletzungen werden dem Kind erklärt)
Zeitperspektive (Worauf sollen die Kinder ihre Aufmerksamkeit richten?)	eher Gegenwartsbezogenheit – man lebt im „Hier und Jetzt"	eher zukunftsorientiert – Kinder sollen Fähigkeit zum Bedürfnisaufschub (jetzt arbeiten, um später etwas zu bekommen) lernen

Tab. 3: Schichtunterschiede im Erziehungsverhalten

9 Sozialpsychologische Gesundheits- und Krankheitsmodelle

Fragen in den letzten 10 Examen: 30

Der Grundgedanke sozialpsychologischer Modelle von Gesundheit und Krankheit lässt sich folgendermaßen zusammenfassen: Gesundheit und Krankheit werden – neben anderen Faktoren – von sozialpsychologischen Größen beeinflusst, wie z. B.
- der eigenen Kompetenzerwartung,
- den Einstellungen zu gesundheitsbezogenem Verhalten und
- der sozialen Unterstützung.

Dahinter steckt der Gedanke, dass die eigene Weltsicht und die Sicht relevanter Bezugspersonen mit dem eigenen Umgang mit Gesundheit und Krankheit zusammenhängen.

9.1 Kognitive Dissonanztheorie (Festinger)

Mithilfe der Theorie kognitiver Dissonanz kann man Verhaltensweisen von Menschen erklären, die auf den ersten Blick häufig irrational oder unvernünftig wirken. Beispielsweise stellt sich die Frage, warum so viele Menschen an gesundheitsschädigendem Verhalten festhalten (z. B. Rauchen, Alkohol und ungesunde Ernährung) oder gesundheitsförderliche Maßnahmen nicht ergreifen, obwohl sie wissen, dass sie ihnen gut täten.

Die Grundannahmen der Theorie lauten:
- Menschen streben eine Übereinstimmung (Konsonanz) ihrer Einstellungen und Meinungen und ihrer Verhaltensweisen an. Passen Einstellungen, Meinungen und Verhalten nicht zueinander, so erleben sie eine unangenehme Dissonanz (Spannung).
- Kognitive Dissonanz wird reduziert, indem die „Unstimmigkeit" durch eine Veränderung der Meinung und Einstellung – oder, in seltenen Fällen, des Verhaltens – aufgehoben wird.

> **Beispiel**
> Erika raucht, obwohl sie weiß, dass Rauchen ungesund ist (Dissonanz). Sie sagt sich: „Das Rauchen entspannt mich, Entspannung ist gesund und das gleicht die schädigende Wirkung wieder aus."

Kognitive Dissonanz wird reduziert durch
- die Aufwertung eines freiwillig gezeigten Verhaltens, das man im Grunde selber nicht schätzt („Eigentlich macht das sogar Spaß."),
- die Verleugnung vorhandener Informationen/Wahrnehmungsabwehr („Das habe ich nicht gewusst."),
- das Verfälschen vorhandener Informationen („Das ist eigentlich ganz anders."),
- die Veränderung der eigenen Standards („Gesundheit ist mir nicht so wichtig. Da habe ich andere Prioritäten im Leben."),
- das Hinzufügen neuer Informationen („Man muss aber auch bedenken ...") und
- selektive Informationssuche (nur passende Information wird wahrgenommen).

> **Merke!**
> Wenn Patienten „Ausreden" dafür nennen, warum sie ihr gesundheitsschädigendes Verhalten nicht ändern, sind das Beispiele für kognitive Dissonanzreduktion.

9.2 Sozioemotionale Schutz- und Risikofaktoren

Aus einer großen Zahl von Studien weiß man inzwischen, dass bestimmte Persönlichkeitsmerkmale oder Einstellungen eine Art Schutzfunktion bezüglich der Krankheitsanfälligkeit von Menschen haben. Genauso gibt es aller-

9.2 Sozioemotionale Schutz- und Risikofaktoren

dings auch Risikofaktoren, die mit einer erhöhten Krankheitsanfälligkeit im Zusammenhang stehen. So besagt das **Diathese-Stress-Modell (Vulnerabilitäts-Stress-Modell)**, dass Stress nur auf Basis einer schon vorhandenen Verletzlichkeit (= Vulnerabilität = Diathese) schädigend ist.

Sozioemotionale Schutzfaktoren – also psychische Faktoren, die das Krankheitsrisiko reduzieren – sind
- soziale Unterstützung,
- Resilienz und
- dispositioneller Optimismus.

Unter **sozialer Unterstützung (social support)** versteht man die Qualität der Einbindung in soziale Beziehungen. Ein gutes soziales Netzwerk wirkt als Puffer gegen Stress und andere Gesundheitsrisiken. Diesen positiven Effekt der sozialen Unterstützung fasst man auch als Haupteffektthese (Direkteffektthese) zusammen. Eine hohe soziale Kohäsion (Zusammenhalt) ist von einem hohen Maß an Hilfsbereitschaft und Vertrauen gekennzeichnet. Das Ausmaß an sozialem Vertrauen in einer Gesellschaft wird auch als soziales Kapital bezeichnet. Beispiele für Aufgaben des sozialen Netzwerks sind
- emotionale Unterstützung (Anteilnahme und Zuwendung),
- instrumentelle Unterstützung (direkte Hilfe bei Schwierigkeiten),
- materielle Unterstützung (z. B. finanzielle Hilfe von Verwandten),
- Wissensvermittlung,
- Nachbarschaftshilfe u. v. m.

> **Merke!**
>
> Unter den Begriff soziale Unterstützung fallen alle privaten Hilfeleistungen. Nicht dazu zählen professionelle (z. B. ärztliche) Hilfe oder staatliche Unterstützungsmaßnahmen (wie z. B. Transferleistungen aus öffentlichen Mitteln).

Resilienz (eng. resilience = Elastizität, Spannkraft) bedeutet psychische und physische Stärke (Anpassungsfähigkeit), die es Menschen ermöglicht, Lebenskrisen wie schwere Krankheiten ohne langfristige Beeinträchtigungen zu meistern.

Das **Stresspuffermodell** besagt, dass ein hohes Maß an sozialer Integration in Belastungssituationen vor gesundheitlichen Schäden schützt.

Berufliche Gratifikationskrisen entstehen beim subjektiven Gefühl fehlender Belohnung (Geld, Anerkennung, Karriereaussichten) für berufliches Engagement.

Das **Anforderungskontrollmodell** beschreibt die Arbeitssituation anhand der Anforderungen an die Person und deren Kontrolle über die Tätigkeit. An einen in einem Krankenhaus angestellten Arzt werden z. B. hohe Anforderungen gestellt, er hat aber ein geringeres Maß an Kontrolle hinsichtlich seiner Arbeitsbedingungen als ein selbstständiger Arzt.

Soziale Stigmatisierung bedeutet, dass Individuen aufgrund eines bestimmten Merkmals (z. B. ihrer Gruppenzugehörigkeit) sozial ausgegrenzt werden. Die Basis dafür bilden meist in der Gesellschaft verbreitete **Stereotype**. Dabei handelt es sich um die Realität vereinfachende, in Konzepte gliedernde Muster, die als verfestigte Einstellung über Personen oder Gruppen (z. B. Frauen, Ausländer, Studenten usw.) die Wahrnehmung beeinflussen. Man unterscheidet Auto- und Heterostereotyp:
- Autostereotyp (die eigene Gruppe betreffend): „Wir Akademiker sind gewissenhaft."
- Heterostereotyp (die fremde Gruppe betreffend, z. B. Mediziner über Psychologen): „Das sind doch alles Laberheinis."

Nach dem **Modell der Salutogenese** nach Aaron Antonovsky ist der Mensch nicht entweder gesund oder krank, sondern befindet sich auf einem Kontinuum irgendwo zwischen diesen Polen. Das Wohlgefühl hängt ab vom Kohärenzsinn (engl. sense of coherence). Dieser wiederum wird im Wesentlichen bestimmt vom Gefühl der Sinnhaftigkeit der eigenen Existenz, aber auch vom Gefühl der Verstehbarkeit der Umwelt und dem Gefühl der Machbarkeit, d. h. dem Glauben, Situationen und Probleme aktiv bewältigen zu können.

10 Soziologische Modelle

 Fragen in den letzten 10 Examen: 14

Der Grundgedanke der soziologischen Modelle von Gesundheit und Krankheit ist folgender: Die soziale Situation (z. B. Art der Erwerbstätigkeit, Schichtzugehörigkeit, Wohngegend, politisches System) beeinflusst Gesundheit und Krankheit.

> **Beispiel**
> - besondere Krankheitsrisiken in armen Wohngegenden
> - schlechtere ärztliche Versorgung auf dem Land als in der Stadt

> **Merke!**
> - Die Opportunitätsstruktur beschreibt die Summe aller Chancen, die eine Gesellschaft zur Lebensgestaltung zur Verfügung stellt (z. B. Universitäten, Krankenhäuser, Bibliotheken).
> - Der Begriff strukturelle Deprivation bezeichnet den Umstand, dass eine Gruppe hinsichtlich der ihr zur Verfügung gestellten Chancen auf gesellschaftliche Teilhabe deutlich benachteiligt wird.

10.1 Schichtunterschiede und Gesundheit

Viele Erkrankungen weisen in Deutschland einen **sozialen Gradienten** – also eine Ungleichverteilung zwischen den verschiedenen Gesellschaftsschichten – auf.
- Die meisten Erkrankungen betreffen häufiger Angehörige der Unterschicht: Herz-Kreislauf-Erkrankungen, Diabetes mellitus Typ 2, Depression, Schizophrenie, Substanzmittelmissbrauch, schlechter Zahnstatus.
- Einige (wenige) Erkrankungen sind häufiger in der Ober- und Mittelschicht zu finden: Neurodermitis, Anorexia nervosa (Magersucht).
- Brustkrebs andererseits zeigt keine Schichtunterschiede.

10.2 Erklärungsansätze für Schichtunterschiede bei Gesundheit und Krankheit

Für die Existenz der zum Teil beträchtlichen Schichtunterschiede bei Gesundheit und Krankheit gibt es verschiedene Erklärungsansätze. Keiner von ihnen kann jedoch allein die sozialen Gradienten erklären:
- Die (soziale) Drifthypothese erklärt die höheren Krankheitsprävalenzen in unteren Schichten dadurch, dass die Krankheiten selbst zu einem sozialen „Abdriften" der Betroffenen führen („Krankheit macht arm"). Die Annahme ist also, dass die Ungleichverteilung nicht von vornherein gegeben ist, sondern eine Folge der Krankheit darstellt. Gestützt wird diese Hypothese z. B. durch Studien aus dem Bereich der Schizophrenie, in denen man eine hohe vertikale Abwärtsmobilität bei Schizophreniepatienten findet.

10.2 Erklärungsansätze für Schichtunterschiede bei Gesundheit und Krankheit

- Nach der soziogenen Hypothese (Verursachungshypothese) liegt der Grund für höhere Krankheitsprävalenzen in unteren Schichten in den schlechteren Lebensbedingungen (z. B. höhere Umweltverschmutzung, Belastung am Arbeitsplatz) und riskanten Verhalten bei Unterschichtangehörigen („Armut macht krank"). Für diese Hypothese sprechen die in Tab. 4, S. 39 dargestellten graduellen Verhaltensunterschiede.

Übrigens ...
Das Einkommen ist – bei Kontrolle von Alter und Geschlecht – die wichtigste Einflussgröße bezüglich Gesundheit und Krankheit!

Bereich	Unterschicht	Mittel-/Oberschicht
Körperbild (Bedeutung des Körpers)	instrumentelles Körperbild (Körper soll funktionieren)	Körper hat Symbolwert (gesunder Körper als eigener Wert)
gesundheitliches Risikoverhalten (Übergewicht, Rauchen, Alkohol usw.)	stärker ausgeprägt	weniger ausgeprägt
Symptomtoleranz (Stärke der Beunruhigung bei Entdeckung einer Symptomatik)	hoch (suchen bei gleicher Symptomatik später den Arzt auf)	niedrig (suchen bei gleicher Symptomatik eher den Arzt auf)
soziale Distanz gegenüber dem Arzt (Unterschiede in der sozialen Herkunft zwischen Arzt und Patient)	groß (hohe Schwelle bei der Inanspruchnahme ärztlicher Leistungen, da Ärzte als „sozial weit entfernt" wahrgenommen werden, z. B. aufgrund des anderen Sprachcodes)	gering (häufig Ärzte im eigenen Bekanntenkreis)
Präventionsbereitschaft	gering	hoch (größeres Wissen über Gesundheit und Krankheit)
soziales Netzwerk	kleiner und instabiler	besser ausgeprägt, hilfreichere Ressourcen
Naturheilverfahren und alternativmedizinische Angebote	selten angewendet	häufig angewendet

Tab. 4: Soziogene Hypothese für Schichtunterschiede bei Gesundheit und Krankheit

DAS BRINGT PUNKTE

Aus dem Kapitel **Bevölkerungsentwicklung** solltest du dir unbedingt die Formen der Alterspyramiden merken.
- Je breiter der Sockelbereich (Neugeborene, Kinder) im Verhältnis zur Mitte und dem oberen Bereich ist, desto schneller wächst die Bevölkerung (Pyramidenform).
- Wird dagegen der Sockel schmaler als die Mitte und der obere Bereich, so beginnt die Bevölkerung zu schrumpfen (Pilzform).

Die verschiedenen Arten der sozialen Mobilität aus Kapitel 8 tauchen immer wieder in den Physikumsfragen auf. Mach dir daher am besten anhand von Tab. 3, S. 35 noch mal klar, was inter- und was intragenerational sowie horizontal und vertikal in diesem Zusammenhang bedeuten.

Die Begriffe der **kognitiven Dissonanz** und der **sozialen Unterstützung** aus Kapitel 9 solltest du gut in deinem Gedächtnis verankern:
- Kognitive Dissonanz ist die Spannung, die entsteht, wenn die eigenen Meinungen und Einstellungen nicht mit dem eigenen Verhalten übereinstimmen.
- Als soziale Unterstützung bezeichnet man alle Arten von privaten Hilfeleistungen.

Pause

Geschafft! Hier noch ein kleiner Cartoon als Belohnung ...
Dann kann gekreuzt werden ...

Mehr Cartoons unter www.medi-learn.de/cartoons

PHYSIKUMSERGEBNISSE SCHON AM PRÜFUNGSTAG

EXAMENS-
ERGEBNISSE

MEDI-LEARN®

Index

A
affektive Neutralität 4
Aggravation 13
Alterspyramide 26, 40
Alterstruktur 26
Anforderungskontrollmodell 37
Appell 9
Arzt-Patient-Beziehung 3
Arzt-Patient-Kommunikation 9
Arztrolle 4
Attribution 21
Aufklärungsgespräche 12

B
Bevölkerungsbewegung 30
Bevölkerungspyramide 28
Beziehungsaspekt 9
Beziehungsaussage 9
Beziehungsebene 9
Beziehungskommentare 11

C
Compliance 5

D
Demografie 26
demografisches Altern 27, 31
deontologische Ethik 18
Devianz 2
– primäre Devianz 2
– sekundäre Devianz 2
direktiver Gesprächsstil 11
Disease-Management-Programme 17
Dissimulation 14

E
Echtheit 12
Effektivität 18
Effizienz 18
Empathie 12
Empowerment 12
Entscheidungsbalance 22
Epidemiologie 32
Ergebnisqualität 18

Erwerbsstruktur 26, 30
Erziehungsverhalten 35
Ethik 18
– deontologische 18
– konsequentalistische 18
– utilitaristische 18
Evidenz-basierte Medizin 17

F
Fachsprache 12
Familienzyklus 31
Fourastié 30
funktionale Spezifität 5
Funktionsnorm 2

G
Geburtenrückgang 31
Gegenübertragung 6
Gesprächspsychotherapie 11
gesundheitliche Überzeugungen 20
Gesundheitssystem 15
Glocke 28

H
Health-Belief-Modell 20, 24
Hypochondrie 6

I
Iatrogene Fixierung 5
Idealnorm 2
Informed-Decision-Making-Modell 12
Inhaltsaspekt 9
Interrollenkonflikt 4
Intrarollenkonflikt 4
Inzidenz 32

K
Kassenärztliche Vereinigung 17
klientenzentriert 11
kognitive Dissonanz 36, 40
Kohäsion 37
Kommunikation 9
– asymmetrische Kommunikation 10
– Metakommunikation 9
– nonverbale Kommunikation 9
– paraverbale Kommunikation 9
– symmetrische Kommunikation 10

– verbale Kommunikation 9
Komorbidität 14
konsequentalistische Ethik 18
Kontingenz 10
– asymmetrische Kontingenz 11
– wechselseitige, symmetrische Kontingenz 10
Kontraktionsgesetz 31
Kontrollüberzeugung
– externale Kontrollüberzeugung 21
– gesundheitliche Kontrollüberzeugung 21
– internale Kontrollüberzeugung 21
Kooperation 5
Krankenrolle 5
Krankenversicherung 15
Krankheitsgewinn 14
– primärer Krankheitsgewinn 14
– sekundärer Krankheitsgewinn 14
Krankheitskosten 15
Krankheitsverhalten 13

L
Laienätiologie 14
Laiensystem 13
Laienzuweisungssystem 13
Landesärztekammer 17
Landesprüfungsamt 17
Lebenserwartung 27
Letalität 32
Liasondienst 12

M
Malthus Gesetz 28
Managed-Care-Programme 16
meritokratische Triade 33
Mobilität 34
– horizontale Mobilität 34
– Intergenerationsmobilität 34
– Intragenerationsmobilität 34
– soziale Mobilität 34, 40
– vertikale Mobilität 34
Modernisierung 31

N
Non-Compliance 5
– intelligente Non-Compliance 5
Non-direktiver Gesprächsstil 11
Normen 5

O
Opportunitätsstruktur 38

P
Parsons, Talcott 4
paternalistisches Modell 12
Patientenschulung 20
patientenzentriert 11
Pflegeversicherung 16
Pilz 28
posttransformative Phase 29
prätransformative Phase 29
Prävalenz 32
Prävention 24
– primäre Prävention 19
– sekundäre Prävention 19
– tertiäre Prävention 19
Primärer Sektor 30
Profession 3
Prozessqualität 18
psychoonkologischer Liaisondienst 12
Pyramide 28

Q
Qualitätssicherung 18

R
Rektangularisierung 27
Repression/Sensitivierung 22
Repressor 22
Resilienz 37
Rogers, Carl 11
Rollenerwartungen 3
Rollenkonflikt 4
– Interrollenkonflikt 4, 7
– Intrarollenkonflikt 4, 7

S
Sachinhalt 9
Schichtindex 33
Schichtmodelle 33
Schulz von Thun 9
sekundärer Sektor 30
Selbsthilfegruppen 19
Selbstkongruenz 12
Selbstmedikation 13
Selbstoffenbarung 9

Index

Selbstverwirklichung 11
Sensitivierung/Repression 22
Sensitizer 22
SF-36 28
Simulation 14
social support 37
soziale Drifthypothese 38
soziale Etikettierung 2
soziale Institutionen 2
soziale Mobilität 33
soziale Norm 2
sozialer Gradient 38
soziale Schichten 33
soziale Stigmatisierung 37
soziale Ungleichheiten 33
soziale Unterstützung 37
Sozialstatus 33
soziogene Hypothese 39
Soziologie 1
Soziotherapie 17
Sprachcode 12
– elaborierter Sprachcode 12
– restringierter Sprachcode 12
Status 34
– erworbener Status 34
– zugeschriebener Status 34
Statusinkonsistenz 34
Statuskonsistenz 33
Statuskristallisation 33
Sterbetafel 28
Stereotype 37
Stresspuffermodell 37
Strukturqualität 18
subjektive Krankheitstheorie 14
Symptomwahrnehmung 13

T
tertiärer Sektor 30
Tertiärisierung 30
Theorie des demographischen Übergangs 29
Theorie kognitiver Dissonanz 36
therapeutische Norm 2
Transformationsphase 29

U
Übertragung 6
Umschwungphase 29
Unfallversicherung 16
universalistische Orientierung 5
Urne 28

V
Verantwortungsethik 18
Verbalhandlung 10
Verhaltensprävention 20
Verhältnisprävention 20
Verursachungshypothese 39

W
Watzlawik, Paul 9
Weber, Max 31
Wertschätzung 11

Z
zweckrationales Handeln 31

Feedback

Deine Meinung ist gefragt!

Es ist erstaunlich, was das menschliche Gehirn an Informationen erfassen kann. Slbest wnen kilene Fleher in eenim Txet entlheatn snid, so knnsat du die eigneltchie lofnrmotian deoncnh vershteen – so wie in dsieem Text heir.

Wir heabn die Srkitpe mecrfhah sehr sogrtfältg güpreft, aber vilcheliet hat auch uesnr Girehn – so wie deenis grdaee – unbeswust Fheler übresehne. Um in der Zuuknft noch bsseer zu wrdeen, bttein wir dich dhear um deine Mtiilhfe.

Sag uns, was dir aufgefallen ist, ob wir Stolpersteine übersehen haben oder ggf. Formulierungen verbessern sollten. Darüber hinaus freuen wir uns natürlich auch über positive Rückmeldungen aus der Leserschaft.

Deine Mithilfe ist für uns sehr wertvoll und wir möchten dein Engagement belohnen: Unter allen Rückmeldungen verlosen wir einmal im Semester Fachbücher im Wert von 250 Euro. Die Gewinner werden auf der Webseite von MEDI-LEARN unter www.medi-learn.de bekannt gegeben.

Schick deine Rückmeldung einfach per E-Mail an support@medi-learn.de oder trag sie im Internet in ein spezielles Formular für Rückmeldungen ein, das du unter der folgenden Adresse findest:

www.medi-learn.de/rueckmeldungen

MOBIL EXAMENSFRAGEN KREUZEN

iPHYSIKUM

MEDI-LEARN®